JOGANDO DE TERNO

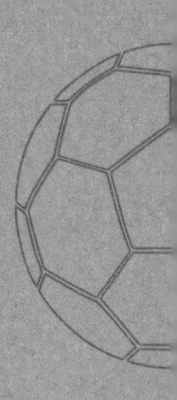

FÁBIO MELLO
JOGANDO DE TERNO
DOS CAMPOS PARA OS NEGÓCIOS
POR MAURO BETING & LUCCA BOPP

SU. MÁ. RIO

1	ALGUMAS VAIAS ECOAM MAIS	35
2	DESDE SEMPRE EU E A BOLA	41
3	AQUI É TRABALHO (E MUITO MAIS QUE ISSO)	45
4	ENTRE SUBSTITUIÇÕES E PARCERIAS INSUBSTITUÍVEIS	53
5	OS SEGREDOS DE UM SANTO	59
6	DOM DARÍO PEREYRA	65
7	O FUTEBOL E OS ESTUDOS	69
8	TRISTEZAS E ALEGRIAS	73
9	UM FURACÃO E UMA AMBULÂNCIA	77
10	ESSA É PARA VOCÊ, PAI	83
11	PALAVRA: ARTIGO RARO E INTRANSFERÍVEL	85
12	ALGUNS MILHÕES, POUCO BRILHO	89
13	JICOPA DO MUNDO E AS PENEIRAS	93
14	O PODER DA ESCOLHA	97
15	CAMPEÃO POR TABELA	101
16	UMA MONTANHA-RUSSA CHAMADA 2000	107
17	MEUS TREINADORES, MEUS PROFESSORES	111
18	PENDURANDO AS CHUTEIRAS E JOGANDO DE TERNO	115
19	UM AMOR (MUITO) MAIOR QUE O MINEIRÃO	123
20	O JOGO FORA DE CAMPO	127
21	A METAMORFOSE DAS RELAÇÕES	133
22	O PIOR TROFÉU DO MUNDO	139
23	A COROAÇÃO DE UMA CARREIRA	143
24	DISCIPLINA, COERÊNCIA E REPUTAÇÃO	151
25	O JUVENTUDE, O GASPARZINHO E A MOLECAGEM	155
26	NOVO FUTEBOL, NOVOS CARGOS	161
27	A CONSOLIDAÇÃO DO FUTEBOL FEMININO	165
28	EM VEZ DE UM CONVITE, UMA CONVOCAÇÃO	171
29	REFERÊNCIAS E REFERENCIAIS	173
30	TODO MUNDO IMPORTA	181
31	PONTOS DE MELHORIA	185
32	DESISTIR NÃO É UMA OPÇÃO	189
33	MINHA FAMÍLIA, DE ONDE VIM E QUEM EU SOU	195
34	GESTOR NA INDÚSTRIA DO ESPORTE	199
35	ONDE TODOS OS FÁBIOS SE ENCONTRAM	201

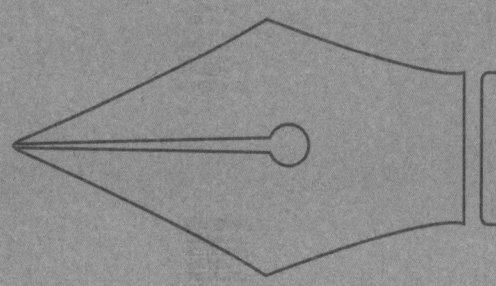

Para a minha esposa Paula e minhas filhas Gigi e Bia. Amo vocês com todas as minhas forças. Vivo para vocês e por vocês.

Aos meus pais e irmãos, com eterna gratidão. Obrigado por tudo. Eu também amo muito vocês.

Aos meus padrinhos Áurea e Toninho.

Para Júlia, Matheus e Gabi, meus afilhados.

Aos pais e irmãos da Paula.

Para a avó Teresa, e, *in memoriam,* aos avôs Fernando, Mário e à avó Duzi.

Ao Kaká, pelo prefácio incrível.

Guilherme, pela apresentação impecável.

Editora Onze, por acreditar no projeto.

Lucca Bopp, Mauro Beting, Ana Teresa Ratti, Marco Piovan e Newton Cesar, pelo comprometimento e pela excelência em transformar este sonho em realidade.

E com a intenção de homenagear todas as pessoas que são importantes na minha vida, citarei algumas para representar cada relação:

Beto Fedato, Caio Ribeiro (Caioba) e Pepinho, os amigos de infância.

Bernardo e Marcos Aurélio, representando os atletas profissionais.

Gildo e Luís Ricardo, os amigos da escola e faculdade.

Marquinhos e Arão, os amigos da fase adulta.

Renato Zanetti, representando os atletas das categorias de base e de futsal.

Aline Marques, representando todos que fizeram parte da equipe FMS.

Janice e Rodrigo, os que fazem parte da família FMS.

Patric, Amaral, Souza (craque), todos os atletas que foram representados pela FMS.

Bruninho e João Cruz, os futuros craques da FMS.

Aqueles que me aprovaram nas peneiras do São Paulo, Banespa e Colégio Bilac: professor Silva, Luisinho e Buzina, representando todos os meus professores e treinadores.

Fabíola, Alex, Jorge, Tathi e Caio, representando os primos e a família.

Frederico Moraes, os empresários e parceiros de negócios.

Pela inspiração e coragem em escrever este livro que ilustra um novo e importante ciclo da minha vida,

"Obrigado, Deus!"

Janice, Fábio e Rodrigo

AGRADECIMENTOS

Existem os 300 de Esparta e os 3 da FMS. Fábio, Janice e Rodrigo. E é curioso, porque muitos imaginam que temos uma equipe de 20 pessoas.

O que me deixa ainda mais feliz é perceber que somos capazes de entregar um trabalho eficiente sem perder a essência da empresa. Nem sempre é simples conciliar as duas coisas. Representamos atletas no Brasil e fora do país, cada um deles com estratégias e desafios diferentes. Equilibrar essas demandas e construir tudo o que nós construímos, e com tão pouca gente, é um mérito enorme. É impossível não ficar orgulhoso, impossível não ter a convicção de que realmente estamos fazendo as coisas certas.

Além de profissionais capazes, somos pessoas engajadas no projeto. Acreditamos no que estamos construindo juntos. A partir dessa conexão, desenvolvemos um comprometimento que nos permite concretizar nossos objetivos. É como um time que está jogando com um a menos. Os dez que ficam em campo se multiplicam, desdobram-se pela vitória. E é essa união que eu enxergo aqui: todo mundo remando na mesma direção, potencializando nossas forças, permitindo que alcancemos feitos incríveis.

Vale ressaltar a importância das consultorias da FMS – parceiros que fazem parte da estrutura e que assumem e entregam com excelência suas responsabilidades. Léo Russo comanda as plataformas de comunicação e os conteúdos para aulas e palestras. Gustavo Ribeiro lidera o Family Office; Denilson, logística e operação; Marco Venegas cuida da contabilidade; Dr. João Chiminazzo é o nosso consultor jurídico há mais de 10 anos; e a Ana Teresa Ratti nossa consultora executiva de novos negócios. Seis pessoas fenomenais que reforçam o nosso time.

Nunca achei que, mesmo depois de encerrar a minha carreira como atleta, eu continuaria atuando ao lado de grandes craques.

Essas pessoas mostraram que eu estava errado.

Não há momento melhor para eternizar o quanto sou grato. Obrigado a todos. Vocês são geniais.

Eu não poderia deixar de agradecer aos depoentes deste livro. São eles: Erika Buzo Martins, Claudio Picazio, Renata (minha prima), Caio Ribeiro, Muricy, Rafael, Vagner Mancini, Fernando Miguel, Victor, Marçal, Mario Celso Petraglia, Luís Ricardo, Mayke, Gildo, Alexandre Mattos, Paula (minha esposa), Rodrigo Caetano, Réver, Zetti, Julio Casares, Cícero Souza, Fedato, Mauro Silva, Rosana Augusto, Stephanie Figer, Marcel Figer, Eduardo Uram, Gabriel Veron e Lupércio.

Acesse e assista aos depoimentos de Janice e Rodrigo.

Kaká, Fábio e Muricy

PREFÁCIO

Conhecer o Fábio desde a infância foi uma experiência única. Um daqueles acasos da vida que moldam o destino de maneira imprevisível.

Crescemos no mesmo prédio em Cuiabá, no Centro-Oeste brasileiro, e iniciamos na mesma base, no nosso querido São Paulo F. C. Compartilhamos não apenas os corredores e as escadas dos estádios, como também os sonhos fervilhantes de meninos que aspiravam conquistar os campos de futebol Brasil afora. Hoje, ao refletir sobre essa trajetória notável, é impossível não se impressionar com o caminho incrível que Fábio Mello percorreu.

A transição precoce do campo para a gestão de futebol é um capítulo desafiador na vida de qualquer ex-jogador. Fábio não só abraçou esse desafio, como o enfrentou com uma determinação inabalável e uma visão clara de seus objetivos. A jornada dele é um testemunho do comprometimento com o próprio desenvolvimento, provando que a carreira esportiva até pode ser uma fase da vida, mas a paixão e a busca pela excelência são perenes.

Ao contemplar a importância desse momento de transição, é inevitável destacar a relevância da preparação. Fábio Mello entendeu que a carreira de jogador é intensa e, muitas vezes, efêmera. Sua dedicação à evolução pessoal e profissional é verdadeiramente inspiradora, servindo como um farol para aqueles que estão prestes a seguir caminhos semelhantes.

Em um mundo saturado de informações, a capacidade de discernir entre aquilo que é valioso e superficial é uma habilidade crucial. Fábio não apenas compreendeu isso, como também reconheceu a importância de consumir conteúdos de qualidade. Em uma era cuja informação é abundante, a busca pela excelência não se limita ao campo de jogo; estende-se ao aprendizado contínuo e à absorção de conhecimento relevante.

Jogando de Terno não é apenas uma narrativa sobre a vida de Fábio Mello; é um mergulho profundo na mentalidade que nos impulsionou além dos gramados. Oferece tanto uma visão sobre os desafios da gestão esportiva, quanto *insights* valiosos sobre como superá-los. Espero sinceramente que esta leitura encante os fãs de futebol, e inspire outros a abraçarem suas próprias transições com a mesma paixão, resiliência e determinação que testemunhei no meu querido amigo, Fábio Mello.

KAKÁ
EX-JOGADOR, ELEITO PELA
FIFA O MELHOR DO MUNDO EM 2007

Guilherme Setúbal e Fábio

APRESENTAÇÃO

Minha história de amizade com o Fábio começou assim: eu defendendo gols do adversário, e ele, no mesmo time, atacando.

Nunca fui jogador profissional, mas tive a honra de dividir partidas com o Fábio quando nos conhecemos no Clube Pinheiros, em São Paulo. Eu ocupava a posição de goleiro e, entre os jogadores, estava ele, que tinha virado atração no clube. Claro, todos queriam bater uma bola com um atleta profissional.

Já o acompanhava em campeonatos e, ao jogar na mesma equipe, percebi que era real o que assistia na televisão. Ele se mostrava não só habilidoso em campo, como também tinha um olhar inteligente para as partidas; uma capacidade de ler o jogo de forma sistêmica. Analisava ritmo, desempenho dos jogadores, estratégias, uma leitura que resultava sempre em boas orientações a toda a equipe. A empatia foi instantânea e, ao longo dos anos, meu respeito só cresceu.

E assim seguimos até que, certo dia, Fábio me perguntou: "Estou pensando em abrir uma escola especializada em treinamento de goleiros com o Zetti, você acha que seria um aluno em potencial? Teria vontade de treinar lá?". Respondi de imediato, sem nenhuma informação adicional: "Não só de treinar, gostaria de ser sócio nessa escola. Acredito muito nesse negócio".

Minha decisão tão segura tinha motivo: admiração pelo profissional, e pela pessoa que o Fábio é. Uma unanimidade, aliás: todo mundo gosta dele e por várias razões. Um cara amigo, companheiro. Ele se faz presente quando necessário. Além disso, sempre respeitei muito a história de sucesso do ex-goleiro Zetti, que acumula nada menos que o Bicampeonato Mundial pelo São Paulo e o Tetra pela Seleção Brasileira.

Na época, ser sócio de ambos parecia um sonho. Confesso que ainda é. Experiente no mercado corporativo, nunca tinha imaginado que um dia seria sócio de uma escola de goleiros, muito menos com pessoas tão especiais.

Dois anos se passaram até que o plano saiu do papel. Não havia pressa, tudo foi muito bem planejado. Tínhamos, nós mesmos, o time perfeito: Fábio, especialista em gestão esportiva; Zetti, um *expert* em campo; e eu, com toda minha experiência e olhar corporativo, visando sempre à boa governança. Fábio escolheu bem o nome: Fechando o Gol, demonstrando que um treinamento bem específico seria a oferta.

O que me surpreende no Fábio é sua alta capacidade de gestão esportiva. Seu olhar humanizado lhe permite enxergar sempre a longo prazo. Há muito tempo nos diz que, além de treinos específicos, nossos alunos precisam de gestão esportiva na carreira. Dessa forma, ele realiza o sonho de vários meninos que, assim como ele, desejaram ser profissionais do futebol.

Ele se torna amigo dos jogadores, ou melhor, entra para a família deles; já é padrinho de casamento de alguns. Aliás, um diferencial seu ao agenciar atletas é analisar as propostas não apenas do ponto de vista do negócio, mas também as melhores escolhas para o perfil de cada um. Tanto que muitos permanecem por longos contratos em times pela sua boa condução, sempre enxergando longe.

Esse mesmo olhar que aplica para a gestão da carreira dos jogadores Fábio desenvolveu para a sua própria, tanto que se aposentou ainda cedo, formou-se em Gestão Esportiva e se tornou um bem-sucedido empresário do esporte. Uma transição de carreira exemplar.

Sempre tivemos boa afinidade, e, com a sociedade da escola, essa relação melhorou ainda mais. Fábio, além de experiente, está sempre aberto a ouvir e chegar a um denominador comum; ele nunca reage por imposição. Contudo, se tem alguém que gesticula em reuniões é ele; fala muito com as mãos, uma característica do seu jeito espontâneo de ser.

Nestes anos todos de sociedade, passamos por momentos desafiadores. Em plena pandemia, com tudo fechado, ninguém obviamente faria aula. E assim seguimos por quase dois anos, com baixo desempenho da escola em razão da Covid-19. Fábio, desde o início, me disse: "Não vamos abandonar nossos funcionários, eles continuam aqui conosco, com ou sem aluno". E assim foi, por dois anos.

Mesmo em poucas palavras, acho que não é difícil perceber o quanto Ele é um cara profissional e íntegro. Não à toa, tornou-se um dos cinco maiores agentes do futebol do país.

GUILHERME SETÚBAL
SÓCIO DA FECHANDO O GOL,
CONSELHEIRO DO INSTITUTO ITAÚSA E COPA ENERGIA

O CURSO E O LIVRO QUE FALTAVAM

Este livro traz diferentes etapas da minha vida: a infância, a categoria de base, a carreira como atleta profissional, a transição para me tornar empresário e alguns dos principais *cases* exercendo essa função.

A obra nasceu da minha vontade de contribuir ainda mais para o desenvolvimento tanto das pessoas quanto da indústria do futebol.

Nessa minha trajetória, atuando por tantos anos como atleta e empresário, deparei-me com uma outra vocação: a arte e o ofício de compartilhar conhecimento. Essa descoberta veio por meio de convites que recebi para lecionar.

O primeiro convite foi da Trevisan – Escola de Negócios. Em seguida, ministrei um curso na CBF[1] Academy. Fui palestrante na Brasil Futebol Expo. E, ainda, ao ser apresentado à Erika Buzo Martins, coordenadora do curso de administração da ESPM, firmamos uma parceria – que é um orgulho enorme para mim –, a fim de implantarmos um curso inédito sobre os diversos processos de gestão no futebol.

Como essa minha jornada docente começou?

A Trevisan – Escola de Negócios oferecia um curso para formar novos agentes. O coordenador do curso, Cristiano Caús, buscava alguém para ministrar uma nova disciplina: Transição de carreira. A ideia era ter um ex-atleta e empresário bem posicionado. Por indicação do Mauro Silva, tetracampeão Mundial e atualmente Vice-presidente da Federação Paulista de Futebol, o meu nome foi o selecionado pelo Cristiano Caús e, assim, recebi a missão de mente aberta e com a visão de que essa seria mais uma oportunidade de desenvolvimento profissional.

---

[1] Confederação Brasileira de Futebol.

Preparar a aula foi uma experiência enriquecedora. Gostei muito de todo o processo. Ser um agente de transformação e desenvolvimento para pessoas que buscavam atuar no futebol em cargos de gestão, ou no agenciamento de atletas, foi o meu novo despertar. Para mim, até então, a única forma de valorizar a minha categoria de atuação havia sido por meio da minha própria maneira de trabalhar, e por meio de conversas pontuais. As aulas me deram uma perspectiva diferente.

Preparado e responsável com o papel que havia acabado de assumir, ministrei minha primeira aula e acabei recebendo uma ótima resposta dos alunos e do próprio Cris. Isso abriu portas para um convite da CBF Academy – especificamente do coordenador Roberto Barraco –, para que eu ministrasse uma disciplina desafiadora: Gestão de carreira de treinadores. Seria uma grande responsabilidade, tendo em vista o nome da instituição que eu estaria representando; as pessoas ali matriculadas, que buscavam – na organização que configura o poder máximo no futebol brasileiro – ampliar suas qualificações; e a disciplina, que abordaria um tema complexo no cenário mundial e profundamente desafiador no Brasil.

A minha relação longeva com o técnico Vagner Mancini, que vem desde minha época como atleta sob sua orientação até como seu empresário (que continuo sendo), foi uma chancela importante para que eu abordasse o tema sob uma perspectiva rara, autêntica e sólida.

Ciente de que a história se constrói com erros, acertos e coragem – afinal nem tudo é sucesso –, é justo compartilhar um acontecimento desconfortável na minha primeira aula na CBF Academy. Em certo momento, um aluno me perguntou a respeito de um assunto sobre o qual eu não tinha me aprofundado tanto. Fiquei um pouco desconcertado. Mas essa situação desencadeou uma busca por aprimoramento contínuo e o entendimento ainda maior do tamanho da responsabilidade que é assumir o papel de formador de pessoas. O episódio acabou sendo crucial para o meu crescimento, melhorando meu conteúdo e minha preparação para as próximas aulas.

Desde então, a CBF Academy me convidou para continuar ministrando aulas, estendendo o convite também para o Curso de Executivos. De lá para cá, já tive algumas turmas de agentes, outras no Curso de Executivos, ambas na CBF Academy, além das turmas na Trevisan. O papel de professor (sinto uma alegria que não sei bem explicar quando vejo este "título" antes do meu nome) passou a ser parte da minha vida profissional e a ocupar um lugar especial em minha rotina e agenda de trabalho.

As oportunidades voltadas ao compartilhamento de conhecimento e experiências continuaram surgindo. O convite para palestrar na Brasil Futebol Expo, maior evento de futebol da América Latina, deu-me mais uma incrível oportunidade de contribuir com a qualificação e formação dos profissionais que atuam e atuarão em nosso futebol; e, também, acrescentou valor a essa nova competência profissional que venho desenvolvendo.

Com o tempo e ministrando cada vez mais aulas, fui adquirindo confiança e recebendo *feedbacks* positivos dos alunos. Percebi, então, que tinha espaço e oportunidade para criar algo específico para gestores e novos agentes. Criar algo para quem deseja trabalhar nesse segmento e para quem está em transição de carreira e, portanto, buscando conhecimento sobre aspectos do futebol ainda não vivenciados, justamente porque só estão disponíveis em esferas muito restritas. Comecei, então, a estruturação do meu próprio curso. A referência para o conteúdo que seria compartilhado sempre foi a metodologia, a visão e o propósito da FMS, desenvolvida em razão de muitos anos atuando como agente, sem perder de vista importantes valores pessoais.

Trabalhei arduamente para desenvolver um curso inédito no mercado. Eu e a minha equipe priorizamos a seleção de temas relevantes para uma atuação em alto nível profissional de um agente de futebol. Incluímos casos reais trazidos por profissionais que são referências em diversas áreas. Identificamos a importância da presença de especialistas de áreas específicas para contribuírem com conceitos e perspectivas diretamente relacionadas aos diferentes modelos de gestão já testados e validados em outros mercados e que, não só podem, como devem estar presentes no processo de gestão do futebol.

Na área docente, como eu disse, surgiu a oportunidade de uma parceria com a ESPM – Escola Superior de Propaganda e Marketing, ao ser apresentado à admirável Erika Buzo Martins e à incrível estrutura da escola. Saí da primeira reunião *in loco* encantado com a possibilidade de agregar ainda mais valor ao curso e de elevar o nível do conteúdo que seria oferecido.

A excelência é um caminho seguro para conquistar resultados relevantes e consistentes. Essa crença sempre me motiva a estar ao lado de quem pode somar forças comigo, contribuir e me impulsionar ao patamar seguinte. Foi assim que enxerguei a possibilidade da parceria com essa instituição que, para mim, é uma referência em formação acadêmica de alto nível.

Iniciamos um processo de cocriação por meio do qual o meu curso foi reestruturado e potencializado com o incremento dos professores da ESPM. Caio Bianchi, diretor acadêmico de Educação Continuada, e sua equipe somaram experiência e *know how*. A minha consultora em gestão, Ana Teresa Ratti – que foi a facilitadora para essa conexão e veio de longos anos de experiência no mundo acadêmico e corporativo –, tornou-se parceira no curso. Para o Léo Russo, da equipe FMS, ficou destinada a tarefa de organizar todo o conteúdo em *slides* didáticos, estruturados de forma coerente e, visualmente, à altura do que estávamos construindo. Criamos um time forte e comprometido com o resultado final: um programa capaz de formar profissionais que pretendem atuar em alta *performance* e com excelência na gestão de carreira de atletas de futebol.

O espaço de tempo entre o primeiro convite para atuar como professor e o instante em que comecei a escrever este livro foi relativamente curto. Olho para esse período de docência e sinto que uma das principais motivações para aceitar esses convites foi o propósito de contribuir para o fortalecimento e reconhecimento da classe dos agentes – uma categoria infelizmente interpretada de forma equivocada por muitos.

Reconheci nessa oportunidade a possibilidade de mostrar que os agentes podem e devem ser vistos como profissionais sérios. Nós trabalhamos de verdade.

Então, o objetivo é deixar clara a importância desta atividade dentro do âmbito do futebol, mostrando que somos especialistas comprometidos, mas que há, sim, diferentes perfis de empresários.

Penso que o agente, além de fazer o meio-campo entre as partes, deva ser polivalente. Seguro e confiável como um goleiro. Defender a casa e a causa como um zagueiro. Ir às duas áreas como um volante. Apoiar e dar retaguarda como um lateral. Entender o jogo como um meia. Abrir o campo como um ponta. Atingir a meta como um centroavante. Preparar o atleta como um preparador físico; cuidar da saúde dele como um médico; recuperar as dores como um fisioterapeuta; encontrar caminhos como um fisiologista; cuidar da cabeça como um psicólogo; orientar como um treinador. Ser como um pai. Oferecer um ombro amigo. Torcer como um torcedor. Tudo isso, de modo incondicional.

O fato de ter sido jogador profissional certamente me permite enxergar e sentir a atividade de gestor dessa maneira diferenciada. Consigo, com facilidade, colocar-me no lugar do atleta antes de tomar decisões. Em outras palavras, relaciono-me com os sentimentos dele na hora de conduzir uma negociação. O desdobramento financeiro da operação de um jogador deve ser o resultado final e não o objetivo principal. Manter essa prioridade em mente é desafiador em um ambiente em que, algumas vezes, as cifras são altas, mesmo que não corresponda ao melhor projeto esportivo para o atleta.

Idealizei este livro – que não se trata "apenas" de uma biografia –, porque enxerguei a obra como um instrumento de contribuição para o mercado de agentes e para aqueles que buscam qualificação. Escrevi as últimas linhas no momento em que havia finalizado o meu curso em parceria com a ESPM.

A jornada foi e continua sendo desafiadora e gratificante ao conciliar a atividade docente com as demandas de negociação de atletas e a gestão da FMS, mas, ao mesmo tempo, prazerosa e inspiradora.

Jogando de Terno é para agentes, novos agentes, gestores, amantes do esporte, pais, jornalistas, diretores, treinadores, jogadores, estudiosos, alunos. Ele pode ser a partida inicial para muitas carreiras campeãs que, espero, sejam até melhores, ou tão felizes, como as minhas de jogador e agente.

Com este livro, fortaleço valores e crenças que me trouxeram até aqui. Nessas indústrias tão apaixonantes quanto desafiadoras, *o futebol e a educação,* meu desejo é fazer sempre a diferença.

Boa leitura.

DEPOIMENTO

Como professora da ESPM-SP sempre fui conhecida pelas parcerias, com empresas de todos os tamanhos e níveis de expressividade, firmadas para diferentes disciplinas, a fim de trazer *cases* reais que desafiassem os estudantes. Ao assumir a supervisão de *Marketing* do curso de Administração, chamou-me a atenção termos uma linha de *marketing* dentro do esporte que não era tão ampla. Então, ao mesmo tempo em que incentivei alguns professores a pensarem em alternativas, busquei possibilidades com uma grande amiga, Ana Teresa, que topou ser curadora da área.

Com a Ana, tive a grata surpresa de conhecer o Fábio Mello e foram conexão e empatia imediatas. Apresentei-lhe o *campus* da graduação, os ambientes, os estudantes que já participavam desse setor do *Marketing* Esportivo, e percebemos que tínhamos muito o que fazer juntos, unindo o conhecimento dele nos campos, na vida, entre pessoas e como formador na área aos nossos objetivos e projetos.

Como coordenadora do curso de Administração, visualizei novos horizontes que beneficiariam nossos estudantes. Nosso DNA está no *Marketing* e estava na hora de unir FMS, na figura de Fábio Mello, com sua *expertise*, simpatia e profissionalismo com a principal escola de *Marketing* do Brasil – a ESPM.

Jogando de Terno retrata nosso futuro no *Marketing* Esportivo. Não somente a história de vida de Fábio Mello, que é singular, mas também a construção conjunta de mais um capítulo neste setor, que nos permitirá formar profissionais diferenciados para atuar em um mercado que anseia por evolução e profissionalização no Brasil e no Mundo.

ERIKA BUZO MARTINS – COORDENADORA DO
CURSO DE ADMINISTRAÇÃO DA ESPM

1
ALGUMAS VAIAS ECOAM MAIS

Era a minha estreia em Campeonatos Brasileiros como titular do São Paulo, no Morumbi. Dia 1º de setembro de 1996, São Paulo contra Goiás, nunca me esquecerei. Domingo à tarde, bom público no estádio, eu jogando pelo time pelo qual sempre torci.

Lembro-me de ter feito bons jogos nas partidas anteriores: uma vitória contra o Santos, no próprio Morumbi; e a outra partida contra o Fluminense, fora de casa, em que empatamos por 1 a 1, com um gol meu de fora da área. A narração do Januário de Oliveira, na Band, é de arrepiar: "Crueeel, o Fábio Mello batendo de fora da área! Crueeel!".

Jogar pelo São Paulo era o meu sonho. Imagine a minha ansiedade! Um orgulho enorme viver aquele momento. E, naquele domingo, havia cerca de 30 pessoas da minha família, incluindo amigos, assistindo-me ao vivo, *in loco*. As primas palmeirenses, os primos corinthianos e santistas, os amigos da faculdade e da escola. Todos que eram importantes para mim estavam no estádio. E eu na expectativa de agradar todo mundo, o que era um grande peso, pois não conseguimos controlar a expectativa dos outros, "apenas" administrar.

Naquela altura, eu não tinha como saber, mas já acumulava experiências que seriam valiosas para a minha vida pós-carreira dentro de campo, ensinamentos que até hoje norteiam meus sentimentos em relação aos processos de decisões. Aprendi, por exemplo, que a expectativa do outro não é de minha responsabilidade. Quando damos muito peso às expectativas que não são nossas, o processo de decisão vira um massacre.

Voltando ao jogo: depois de dois ou três erros de passe ainda no primeiro tempo, ouvi as primeiras vaias. O crédito por ter jogado bem nos últimos jogos não durou nem 45 minutos! Eu pegava na bola e a torcida me vaiava. E eu pensava: "Até pouco tempo eu era um deles. E agora estão pegando no meu pé".

Aí, a torcida começou a gritar o nome do Adriano, meia que jogou no Guarani por muito tempo. Jogador com uma trajetória riquíssima, ele era um craque.

— A-dri-ano! A-dri-ano! A-dri-ano! – a torcida não parava.

Eu sabia que aquilo era para mim, mas consegui sustentar. Fomos para o intervalo com o placar em 0 a 0. Então, aos 15 minutos do segundo tempo, o professor Carlos Alberto Parreira me tirou e colocou o Adriano.

O jogo terminou 1 a 0 para o São Paulo. Adivinha quem fez...

Cruzamento do Serginho – lateral-esquerdo que, anos depois, seria campeão de tudo pelo Milan – e golaço do Adriano.

Essa ferida, ou melhor, essa cicatriz carrego comigo até hoje, mas de uma forma madura e promovendo uma reflexão fundamental para a atividade de agente que exerço atualmente.

Ser empresário de atletas é de uma responsabilidade enorme, porque sei que por trás do jogador de futebol existe o ser humano, o qual, como qualquer pessoa, vive momentos bons e difíceis. Aplausos e vaias. O que eu tento mostrar para os meus jogadores é que os altos e baixos fazem parte da trajetória. O grande desafio é como vão lidar com isso. Primeiro, precisam entender; depois absorver e, então, superar.

Naquele jogo, por exemplo, considero as críticas como a parte mais difícil. A crítica machuca demais quem está ao nosso redor. Se apenas me afetasse, tudo bem. Agora, perceber que a família e os amigos ficaram chateados e tristes foi muito duro para mim.

O lado positivo é que, desse episódio, tirei uma lição valiosa e que carrego comigo como uma das minhas grandes convicções: o que diferencia os jogadores profissionais e atletas de alto nível não é a técnica, o talento, o físico... é a força mental. A diferença entre o jogador nota 5 ou 6 dos jogadores nota 8, 9 ou 10 é a capacidade de absorver as adversidades, os obstáculos, e superá-los. Porque, quando um atleta veste a camisa de um grande clube, seja regional ou nacionalmente conhecido, foram suas virtudes físicas e técnicas – além do fato de aproveitar as oportunidades que apareceram – que o levaram até ali. Mas nenhum jogador permanece em clubes com pressão por títulos e por *performance* se não estiver mentalmente preparado. É a sua força mental que sustenta sua posição!

> O QUE DIFERENCIA OS JOGADORES PROFISSIONAIS E ATLETAS DE ALTO NÍVEL NÃO É A TÉCNICA, O TALENTO, O FÍSICO... É A FORÇA MENTAL.

Mesmo com a minha substituição no jogo contra o Goiás, o Campeonato Brasileiro de 1996 foi a edição em que eu mais disputei partidas pelo São Paulo. Fiz bons jogos, gols importantes, e foi a minha "entrada no mercado". Tive momentos inesquecíveis. O meu gol contra o Sport Recife, no estádio da Ilha do Retiro, foi eleito o mais bonito da rodada e me rendeu uma placa do programa *Mesa Redonda*.

Teve também o jogaço no Morumbi entre São Paulo e Athletico Paranaense; um 3 a 3, em que fiz um gol e dei uma assistência. Esse jogo, aliás, levou-me para o Furacão no ano seguinte.

Acesse e assista ao lance do gol de placa do Fábio.

Gol mais bonito da rodada

Vale ressaltar o quanto é complexo desenvolver o plano de carreira para um atleta de futebol. É necessário considerar variáveis que não controlamos e que estão além do racional ou do desempenho esportivo. A minha trajetória dentro de campo, com experiências como essa que relatei, está sempre presente no meu processo de decisão sobre os jogadores que represento.

Ter vivido no lugar onde eles se encontram hoje e me qualificado para ocupar a cadeira de gestor são aspectos que sustentam as minhas decisões no que diz respeito ao desenvolvimento da carreira de um jogador. Momentos como o jogo do São Paulo contra o Goiás fortalecem minha convicção de que os anseios e objetivos do atleta sempre devem ser o ponto de partida para o desenvolvimento do trabalho. E que os resultados financeiros das negociações e da empresa de representação nunca poderão estar acima disso.

DEPOIMENTOS

Todo jogador tem que corresponder à expectativa dos outros. E isso começa pela família, pelos amigos, pela torcida... por tudo. Às vezes, na realidade, a família nem cobra, mas é a maneira como a gente vê – justamente pelo medo de decepcionar. E aí os atletas se cobram muito para que isso não aconteça. Só que, nessa cobrança, vamos nos travando. Isso é uma coisa muito complicada e que a maioria dos jogadores sente. E com o Fábio talvez não fosse diferente. [...] Além disso, considero a coragem a maior característica dele. Acho que, por causa da coragem, ele conquistou muitas coisas. Fábio teve coragem para enfrentar os demônios internos, para encarar todas as dificuldades e, sentindo as dores que tinha, coragem para buscar e fazer coisas novas e inéditas, coragem para desbravar, para falar às pessoas aquilo que ele sentia, de uma maneira doce e que não ferisse.

CLAUDIO PICAZIO, PSICÓLOGO – ESPECIALIZADO EM PSICOLOGIA DO ESPORTE

Lembro-me dos rostos de apreensão do meu pai e do meu tio, que são minhas referências no futebol. Recordo-me da minha aflição em querer explicações do porquê de o Parreira ter tirado o Binho, se o time não ajudava. Eu não era capaz de controlar a raiva e xingava quem pedia a saída dele. Vinha-me o sentimento de injustiça ao vê-lo sair carregando o mundo nas costas. Não era justo! Eu tinha vontade de abraçá-lo e dizer que estava tudo bem. Quando nos reencontramos, ele, como sempre muito amoroso, disse-me: "Prima, não foi fácil".

RENATA – PRIMA PALMEIRENSE QUE ESTAVA NO JOGO CONTRA O GOIÁS

Acesse os depoimentos completos.

2
DESDE SEMPRE EU E A BOLA

1979 1980 1981 1982 1983 1984 1985

Desde as primeiras memórias que tenho, o futebol está presente. Na minha infância – nos meus sete, oito anos –, tenho lembranças vivas da minha família em São Paulo. Um lar de são-paulinos, mas com primas palmeirenses, primos corinthianos e um tio e um primo santistas.

Como não poderia deixar de ser, o futebol era o grande assunto em casa. A diversão e, também, o tema das muitas conversas da minha época de menino até hoje.

Lembro-me de que éramos sócios do Clube Interlagos, que ficava um pouco antes do autódromo. Essa é uma memória desbotada, mas sei que foi ali que comecei a brincar, a jogar bola. Eu, ainda criança, já carregava um *status* importante: jogava no time dos mais velhos. Para quem viveu uma infância pautada pelo esporte, sabe a dimensão disso. Eu fazia parte do time dos mais velhos porque achavam que eu jogava bem, chutava forte. Também por causa do meu irmão, que é quatro anos mais velho do que eu. Até hoje, ele fala para todo mundo que jogava melhor e que, por isso, me ensinou. É cada uma, viu! Brinco com meus amigos que, se eu tivesse a autoestima do meu irmão, eu teria jogado no Real Madrid!

Fábio e Ricardo no Clube Interlagos e no estádio, em Cuiabá

41

Mas, além do meu irmão, tinha o craque da família, que era o destaque no Campeonato Interno do Interlagos. O nome dele? Marinho, o meu pai. Ele era famoso no clube pelas suas atuações, pelas brigas e pelos gols. Fazia cada golaço! Seus amigos falavam que ele sempre marcava "gol de canhoto", que é aquele golaço de sem-pulo, aquele voleio clássico, pegando de peito de pé na bola de fora da área. Também fiz alguns assim. Dos gols do meu pai – que não tinham como ser gravados na época –, restam-nos as lembranças de tantos amigos contando a mesma história.

Marinho, pai do Fábio

Quando comecei a juntar memórias para escrever este livro, percebi que o período entre meus oito e onze anos foi um momento decisivo: foi nessa fase que as minhas aptidões para o esporte começaram a se desenvolver, principalmente para o futebol, do ponto de vista de talento e vocação. Também a aptidão para exercer outras habilidades inerentes ao esporte, como um iminente papel de liderança.

Em 1984, eu completaria 9 anos e minha família se mudou para Cuiabá, em um plano profissional do meu pai. Fomos todos para lá: meu pai, minha mãe, meu irmão mais velho e minha irmã mais nova. Lembro-me de que, nas primeiras semanas do Colégio São Gonçalo, um dos principais da cidade, eu, um aluno novo e em uma cidade nova, ganhei uma das eleições de classe e fui escolhido o líder esportivo – responsável pela organização das equipes de todas as modalidades da classe, até a formatação das tabelas dos jogos.

Nosso time era sempre o campeão na escola e eu já me destacava. Comecei a chamar atenção logo nas minhas primeiras competições de futsal e futebol de campo. Eu jogava pela escola e, também, pelo Cuiabá Tênis Clube.

Citar os feitos da infância pode parecer coisa pequena, ou algo que não tenha tanta relevância para o profissional que me tornei, mas fez muita diferença. Foi ali que tive a percepção de que: 1) eu me destacava muito quando jogava com outros garotos da minha idade; e 2) eu tinha capacidade de representar outras pessoas, com senso de organização e responsabilidade.

O Fábio do São Gonçalo ainda existe dentro de mim... Muito!

Nos tempos do Colégio São Gonçalo

Trazendo para a minha realidade como empresário hoje, vejo inúmeros paralelos. Recebo os pais desses meninos que têm 8, 9, 10 anos já em busca de empresários, ou até mesmo o contrário: empresários abordando atletas/crianças para poder representá-los. Isso me faz pensar muito e refletir sobre qual é a essência dessa relação: O que o empresário espera de uma relação com uma criança que ainda está sonhando? Qual é a expectativa da família com o empresário, cuidando da carreira de um filho ainda criança? Nessa via de duas mãos, é necessário ter sensibilidade e um lado humano muito bem trabalhado, pois o futebol não é um ambiente fácil, sabemos disso.

Talvez essa tenha sido a razão para eu não ter priorizado a gestão de atletas jovens na minha empresa. Mas, paralelamente à escrita deste livro, estou desenvolvendo uma estratégia para que a FMS tenha atuação nas categorias de base, essencialmente, sem perder o nosso posicionamento, propósito e valores. Esse tem sido mais um belo desafio para o meu posicionamento profissional.

Em ambientes competitivos, esses garotos começam a ser classificados e vistos como protagonistas ou coadjuvantes. E é para esses "protagonistas" que o clube olha, visualiza o futuro e investe. Via de regra, são esses meninos que atingirão o objetivo final. Mas e o olhar para os outros 15, 18 meninos que não são evidenciados? É preciso saber trabalhar esse quesito desde o início. Claro que, às vezes, os meninos que não são considerados expoentes podem surpreender e se tornar profissionais de diversos níveis, pois já vimos isso acontecer.

DEPOIMENTO

A gente sabe o tamanho da dificuldade para conseguir se profissionalizar. Muitos meninos ficam pelo caminho. Por isso, o Fábio ter conseguido foi uma conquista gigante. Uma vitória muito grande, que nós todos celebramos. Foi uma alegria inesquecível para a família. Ele era um orgulho. Era um sonho ali sendo realizado, né? Um sonho de família, eu diria. Um sonho do meu pai, por não ter sido jogador, mesmo todo mundo dizendo que era um craque.

Dá para entender o seu sucesso. Ele é uma pessoa organizada, no nível máximo que se possa imaginar. Um cara que planeja muito as coisas antes de falar, antes de qualquer atitude. Ele pensa em todas as alternativas; e repensa até ter certeza de que é a escolha certa.

São 50 anos de relação. O Fábio é meu amigo. E meu irmão.

Um irmão fantástico.

RICARDO – IRMÃO

Acesse o depoimento completo.

3
AQUI É TRABALHO
(E MUITO MAIS QUE ISSO)

1990 1991 1992 1993 1994 1995 1996

O início de uma das maiores parcerias que construí no futebol começou em 1993. Eu tinha 17 anos, já jogava no São Paulo há cinco anos, e íamos disputar uma competição importante na França. Lembro-me de que nosso técnico, por questões pessoais, não pôde ir. Então, o diretor das categorias de base na época, o saudoso Sérgio Bragança, convocou o treinador do *dente de leite* (Sub-12) para comandar o time. O nome do treinador?

Muricy Ramalho.

Esse campeonato na Europa tinha a hegemonia do Benfica, grande clube português. Os caras eram campeões todo ano, time muito forte e consistente. Estávamos no mesmo hotel. Eles eram altos e fisicamente bem mais robustos do que nós, mas quis o destino que jogássemos contra eles na semifinal – muitos consideravam esse jogo uma final antecipada. Deu São Paulo. Ganhamos por 1 a 0, com o meu gol. Golaçoooo de fora da área.

Comemoração do gol do Fábio contra o Benfica

Uma felicidade enorme. Torneio internacional, derrubando os até então favoritos portugueses. Na final, enfrentamos o Lens, time da casa. Vencemos por 1 a 0 de novo e levamos a taça. Tínhamos um timaço. O Tiago, um volante que chegou a jogar com o Telê em 1994 e 1995, foi eleito o melhor da competição. Aliás, esse campeonato foi importante para alguns garotos ganharem projeção dentro do time, como o Caio Ribeiro que subiu para os profissionais logo em seguida. E pensar que até hoje o Caio (que se transformou em um dos mais importantes comentaristas do Brasil), segue como meu principal parceiro nos campeonatos de veteranos do Clube Pinheiros.

Acesse e assista ao vídeo do Fábio e Caio nos tempos atuais.

Último treino na competição, com o Muricy ao centro

Fábio e Caio Ribeiro. Época antiga e atual

O título na França também ajudou na trajetória do Muricy. A partir dali, o treinador começou a conquistar espaço dentro do clube e acabou se conectando com ninguém mais ninguém menos que Telê Santana. Quase todo mundo sabia da excelente relação dos dois e como Muricy se inspirou no mestre ao longo da carreira. Telê também se enxergou no Muricy, observando as características em comum que ambos tinham. O Telê até fez algumas tentativas com outros profissionais, mas acabou escolhendo o Muricy justamente por suas semelhanças – que se confirmaram com o tempo. Foi um privilégio para mim acompanhar o nascimento dessa relação tão de perto.

A minha conexão com o Muricy começou naquele momento. Eu viajei como reserva do São Paulo para o campeonato na França e voltei como um jogador importante daquela conquista. Ali, começou uma amizade, uma relação de lealdade, confiança e carinho que dura até hoje.

Só para vocês terem uma ideia, darei um salto para os dias atuais: Muricy como coordenador técnico do São Paulo. Acredito que a única contratação para o elenco profissional em que ele aparece na foto é a chegada do Rafael, goleiro, que é atleta da minha empresa.

Fábio Mello com Rafael, o presidente Julio Casares e toda a diretoria do São Paulo

Outra coisa que foi linda e me marcou muito: na conquista da Copa do Brasil de 2023, um dos títulos mais importantes da história do São Paulo, eu estava na parte externa do vestiário com a minha família, esperando para dar um abraço no Rafael – atleta que tenho a alegria de trabalhar em seu plano de carreira desde setembro de 2017, passando por diversas etapas (Cruzeiro, Atlético-MG, São Paulo).

Tenho uma relação estreita com o Rafa, ele é muito querido por toda a família Mello. Isso representa uma parte importante da nossa essência e de como vejo o processo de gestão de carreira.

Fábio Mello com Muricy no vestiário

Ao lado do Rafael, no pós-jogo da final da Copa do Brasil

Bem, eu estava do lado de fora do vestiário, o Muricy me viu e imediatamente me levou para dentro do vestiário para comemorarmos juntos. Eu, ele, dirigentes, jogadores e todo o *staff* (roupeiro, massagista, supervisor...), que, aliás, eram os mesmos da minha época como jogador. Naquele momento, eu não sabia se era torcedor, empresário, ex-atleta do clube. A verdade é que todos os melhores sentimentos afloraram nessa comemoração. Assistir ao Rafael, goleiro campeão e protagonista daquele título; ver, orgulhoso, a instituição São Paulo Futebol Clube resgatar o prestígio; presenciar amigos realizados – como o próprio Muricy –, foram momentos que me deram uma alegria enorme.

Esse episódio também ressaltou uma das minhas principais crenças: somos as relações que construímos de forma verdadeira, responsável e honesta. Esse é um valor que carrego comigo. A reputação que temos nas nossas amizades e relações profissionais sempre estará pautada por esse posicionamento, que não se cria, constrói-se, vivendo com coerência e verdade. Ali, naquele vestiário, estava tudo o que reforçava em mim esse jeito de ver e conduzir a vida. Foi como se aquele ápice me dissesse: "Continue! Nem sempre é fácil, mas sempre valerá a pena!".

> NÃO BASTA GANHAR UMA VEZ. PARA SE FAZER HISTÓRIA, É NECESSÁRIO TRANSFORMAR AS CONQUISTAS EM UM HÁBITO E, DE NOVO, ISSO PASSA POR TER FORÇA MENTAL.

A minha relação com o Muricy vem de 30 anos. Não 30 dias, nem 30 meses. São 30 anos. É emocionante ver que a nossa amizade continua a mesma e a admiração por ele aumenta a cada dia. Porque, mesmo se tornando um dos maiores ídolos do clube, o Muricy segue sendo a mesma pessoa.

Para se transformar no que é hoje, ele teve que abraçar as oportunidades que foram surgindo no começo da carreira. Em 1995, logo depois de ganhar brilhantemente a Copa Conmebol com o Expressinho Tricolor em 1994, começou a assumir o time por causa dos problemas de saúde do Telê. Então, chegou o fim de 1995 e o São Paulo decidiu não efetivar o Muricy. Mesmo assim, ele continuou como auxiliar do novo treinador até sair do clube definitivamente e só retornar após 10 anos, em 2006, quando fez história com o Tricampeonato Brasileiro de 2006, 2007 e 2008.

E aí entra outro ponto que considero importantíssimo em qualquer carreira: a capacidade de vencer. É preciso *saber ganhar*. E isso sempre me chamou atenção em relação à maneira como o Muricy encara as vitórias.

Ganhar não é fácil. Matematicamente o mais provável é a derrota. Em qualquer campeonato, apenas um ganha. Então, precisamos valorizar uma conquista, porque ser campeão exige muita coisa. E não basta ganhar uma vez. Para se fazer história, é necessário transformar as conquistas em um hábito e, de novo, isso passa por ter força mental. E, claro, outras habilidades fundamentais, como comunicação, gestão de grupo e ser capaz de extrair o melhor de cada um.

Muricy tem uma bela trajetória. Ele ganhou em todo lugar que passou. Foi campeão no São Paulo, na China (antes de todo mundo); no Náutico, no Figueirense, no Inter; no Fluminense... O próprio retorno ao São Paulo, em 2013, naquela luta contra o rebaixamento, ele considera um título também. E se pararmos para pensar, aquilo foi uma conquista mesmo.

Não obstante à pessoa que o Muricy é – dá para falar da sua lealdade, liderança, espontaneidade, autoconfiança, independência –, ele "conquistou" o direito de escolher seu próprio caminho, coisa que admiro muito. E que me inspira também, pois tenho, cada vez mais, praticado isso na minha vida.

Um exemplo de escolha? Este livro. Escolhi escrever minha história. Escolhi criar um curso próprio para qualificar e dar oportunidade para agentes e pessoas que não atuam na área entrarem no mercado de trabalho. E escolhi inverter algumas lógicas de mercado. Enfim, na minha trajetória, estou escolhendo fazer diferente, como o meu amigo e ídolo Muricy fez.

Ah, a escolha! O poder de escolha é um ativo enorme. É uma conquista!

Todos esses detalhes fazem a diferença, é por isso que o Muricy se tornou um exemplo e uma pessoa tão importante para o futebol brasileiro. E para mim.

Ter um líder CAMPEÃO, aumentam as chances de te fazer campeão, no campo e na vida.

Obrigado por tudo, Mura!

Acesse e assista aos depoimentos de Caio e Muricy.

4
ENTRE SUBSTITUIÇÕES E PARCERIAS INSUBSTITUÍVEIS

De um ídolo histórico para outro: em 2004, fui atleta do Zetti, no Paulista de Jundiaí. Ele fez um excelente trabalho como treinador do clube: fomos vice-campeões do Campeonato Paulista e, assim, o Zetti ganhou projeção e partiu para novos desafios.

Zettão ocupou diversos papéis na minha vida: ídolo como goleiro bicampeão Mundial pelo clube; companheiro de time; foi meu técnico; padrinho do meu primeiro projeto pós-carreira de jogador; companheiro de classe (estudamos juntos depois que paramos de jogar); fomos sócios; mas, acima de tudo: nunca deixamos de ser grandes amigos.

Jogar no Paulista de Jundiaí foi uma das fases mais felizes da minha carreira como atleta. Era um grupo de "meninos" irresponsáveis (no bom sentido), que adorava jogar futebol. E aquele time revelou muitos talentos. O elenco tinha, em média, 20 anos de idade. Eu já tinha 28, por isso percebia que me enxergavam como uma referência. Lembro-me com muito carinho do clube. Apresentou-me pessoas marcantes para a minha trajetória, não só o Zetti e o Vagner Mancini, como os próprios jogadores. Alguns anos depois, fui convidado para ser padrinho de casamento do Marcio Mossoró, do goleiro Victor e do zagueiro Réver. Ou seja, a amizade transcendeu para outra esfera. E foram três desses amigos citados que me deram a oportunidade de me tornar agente.

Victor, Réver e Vagner Mancini foram e são alguns dos meus maiores *cases* como empresário. Tenho muito orgulho

> ENTENDER A HIERARQUIA É FUNDAMENTAL, RESPEITAR A DECISÃO E SEGUIR EM FRENTE. TRABALHAR PARA MUDAR O CENÁRIO. NÃO HÁ OUTRA ALTERNATIVA.

do que construímos, sempre nos pautando em alguns pilares principais: a amizade, a confiança, a transparência, o planejamento, e a lealdade. Estamos falando de um período que vai de 2004 a 2024 (e contando...), ou seja, mostra que, com o exemplo e uma parceria sólida, é possível transformar e ir além em algumas relações.

O Mancini, que substituiu o Zetti como treinador, foi meu técnico em 2004, e em 2007 me convidou para representá-lo na sua primeira oportunidade de projeção como treinador. A negociação era com um clube de Dubai. Deu tudo certo e, desde então, assumo com muito orgulho a posição de ser seu agente.

Ao longo desse período, lembro-me de uma situação bem marcante: Fernando Miguel, goleiro e um atleta muito importante da minha empresa – e que se tornou um grande amigo. Fernando era titular do Vitória da Bahia, em 2018, até que em um jogo, o Mancini, treinador do time, decidiu substituí-lo. Fernando ficou revoltado, veio conversar comigo inconformado. Eu entendia o descontentamento dele, mas é nesse momento que entra a parte de aconselhamento que todo empresário precisa desenvolver obrigatoriamente. Meu papel era transmitir calma e equilíbrio, reforçando que a decisão do técnico é uma questão de escolha, não algo pessoal. Por isso, recorri à minha própria experiência com o Mancini para contornar o incômodo do Fernando.

Quando eu era jogador do Mancini, ele sempre fazia uma substituição: em todo santo jogo do Paulista de Jundiaí, ele me tirava aos 15, 20 minutos do segundo tempo. Não tinha jeito, toda partida era a mesma coisa. E eu também ficava muito incomodado na época, mas entendia que era uma questão estratégica do treinador; ele queria deixar o time com mais potência física e competitivo ao final do jogo. Ao mesmo tempo, se olharmos por outro prisma, todo jogo eu era titular e camisa 10 do time, além de um líder positivo daquele grupo.

Então, falei para o Fernando que eu mesmo havia passado por uma situação idêntica, com o mesmo treinador. Entender a hierarquia é fundamental, respeitar a decisão e seguir em frente. Trabalhar para mudar o cenário. Não há outra alternativa.

Falar com a idade que tenho hoje é fácil, mas, naquela época, manter a cabeça fria em momentos como esses não era. Nem nunca será. Quem gosta de ser substituído, das duas uma: ou está mentindo ou não quer mais nada com o clube. Nesse sentido, o inconformismo é bom, mas é papel do empresário contornar a situação, pelo bem do atleta e do seu desenvolvimento profissional e amadurecimento pessoal.

Escolhas de como e o que estudar, e leituras que abordavam temas como "gestão de crise" e "conflito de interesse", por exemplo, certamente me ajudaram na condução desse episódio envolvendo o Fernando e o Mancini. Mas o fato de conseguir me colocar no contexto – por já ter vivido situação semelhante – permitiu que a minha condução fosse não somente a mais eficiente e habilidosa, mas também a mais humana e respeitosa.

Acredito que é dessa maneira que as relações no ambiente de gestão na indústria do futebol se fortalecem. Assim venho ampliando vínculos verdadeiros, capazes de suportar momentos difíceis, que sempre irão acontecer. Especialmente no futebol.

Andrés Sanches, Vagner Mancini e Fábio Mello

Fernando Miguel, Fábio Mello e Zetti

DEPOIMENTOS

Quando eu saí do Grêmio e fui para o Vitória, em 2008, o Fábio Mello começou a fazer tudo: a direcionar, planejar, acertar as bases salariais... Ou seja, ele passou a ser o meu representante legal.

Nossa vida segue assim até hoje. São 18 anos de convivência, 19 com aquele ano em que ele foi meu atleta. Nesse tempo, o Fábio passou a ser muito mais do que um representante, alguém que discute os meus contratos, ou que me ajuda a determinar qual vai ser o caminho a seguir. Ele passou a ser um irmão, um amigo realmente fiel, leal, honesto, sincero.

VAGNER MANCINI – TÉCNICO

Minha experiência com o Fábio é profunda. Cresci em todas as áreas da minha vida andando com ele. Aprendi que uma carreira se constrói; que uma relação [de trabalho] sem confiança não vai para lugar algum; que a verdade e a transparência, por mais difíceis que sejam, devem ser postas à mesa; que é sempre melhor ter razão e guardá-la do que ir para um confronto e perdê-la; que as pessoas têm o direito de tomar decisões, inclusive aquelas que nos impactam; que o maior poder de um atleta é a possibilidade de escolher o próprio caminho.

FERNANDO MIGUEL – GOLEIRO

Acesse os depoimentos completos.

5
OS SEGREDOS DE UM SANTO

Eu já era empresário do Victor – ex-goleiro do Atlético Mineiro e do Grêmio – há alguns anos, quando ele foi convocado para defender a Seleção Brasileira na Copa do Mundo de 2014. Foi um momento extremamente feliz, mas, para esse sonho se tornar realidade, além de todo potencial técnico e físico do Victor, tivemos que estabelecer um plano e tomar decisões muito difíceis. Realmente não foi fácil, tem partes dessa história que parecem coisa de filme, mas tudo valeu a pena.

Voltando para o começo.

Se existo como empresário, Victor foi fundamental.

Jogamos no Paulista de Jundiaí, em 2004. Victão era o terceiro goleiro na época; com o passar do tempo, destacou-se e se tornou unanimidade. Em dezembro de 2007, foi comprado pelo Grêmio. Foi uma das minhas primeiras operações como empresário.

Paulista de Jundiaí

Na sua temporada de estreia, o Victor se consolidou, foi vice-campeão Brasileiro e eleito o melhor goleiro do Brasileirão. E começou a ser convocado com frequência pelo Dunga,[2] naquele ciclo para a Copa do Mundo da África do Sul, em 2010. Foram várias convocações. No dia da lista final de quem iria para a Copa, a expectativa era gigante. Então, o Dunga anunciou a lista oficial. Os goleiros foram Júlio César, Gomes e Doni. E Victor ficou fora da Copa do Mundo.

A partir dali, passamos a conviver com isso. E superar tal frustração era fundamental para a carreira do Victor. Foi um período muito difícil para todos nós. Nesse mesmo ano, recebi um contato do Bernardo, agente e representante, no Brasil, da Fiorentina, importante clube da Itália, dizendo que tinha uma proposta oficial deles. O Victor, seguindo os exemplos do Rogério Ceni no São Paulo e Marcos no Palmeiras, decidiu ficar.

Victor no Grêmio e Clube Atlético-MG

Ele voltou a atuar em bom nível e, dois anos depois, em 2012, o Grêmio me chamou para uma reunião. Eu sabia que o clube passava por dificuldades financeiras e, nesse papo, comentaram sobre um outro goleiro na base, chamado Marcelo Grohe, que recebia um salário mais compatível com a realidade do clube. Disseram-me que, se tivesse alguma oportunidade de negócio para o Victor, eles avaliariam a possibilidade, afinal, o Victor era um dos jogadores mais valorizados

---
[2] Técnico da Seleção Brasileira na época.

daquele time e qualquer negociação que o envolvesse geraria um impacto financeiro importante para o clube.

Decidimos que a negociação, naquele momento, seria a melhor escolha. Surgiu no horizonte o Clube Atlético Mineiro. Enxerguei o Galo como uma possibilidade interessante, mas o diretor de futebol do clube na época discordava. Lembro-me, até hoje, da resposta dele:

— Fábio, eu queria o Victor do Paulista. O Victor do Grêmio eu não quero não, obrigado.

Nisso, o Cuca, técnico do Atlético-MG na época, começou a dar declarações de que o time precisava contratar um goleiro. Eu pensei: "Quer saber? Vou fazer um movimento diferente, preciso arriscar!".

Não sou de fazer isso, a esfera de relacionamento do empresário com o clube é com o diretor de futebol, mas, neste caso, eu realmente achava que poderia dar certo e acabei "passando por cima" da diretoria, indo falar direto com o presidente Alexandre Kalil. Ele gostou da indicação. Ligou para o Cuca, retornou-me e abrimos a negociação.

Em poucos dias, chegamos a um acordo. A negociação foi a transferência mais alta de um goleiro no futebol brasileiro, na época. O CAM pagou 3 milhões de euros por 50% dos direitos econômicos do Victor. Entretanto, sem qualquer documento assinado ainda, o Presidente Kalil postou no *Twitter* a seguinte mensagem: "Torcida mais chata do Brasil, se o problema era goleiro, não é mais. O Victor é do Galo!".

Postagem do Kalil no Twitter

O Kalil publicou isso sem ter nenhuma garantia oficial do negócio. Foi uma loucura total: o Grêmio disse que iria cancelar a operação. O diretor do Grêmio na época ficou bravo e colocou a culpa no joga-

Conquista da Libertadores, em 2013

dor, afirmou que era o Victor que queria sair. Enfim, caos total. Mas, depois de alguns dias, o assunto foi resolvido. Destaco, aqui, o mérito do departamento jurídico do Atlético neste caso.

A partir dali, em 2012, o Victor começou a pavimentar seu caminho para se transformar no maior goleiro da história do Atlético Mineiro e um dos maiores ídolos do clube.

Em 2013, ao defender o pênalti no último minuto contra o Tijuana, foi *canonizado* como São Victor. Ele conquistou a Libertadores e voltou a jogar no nível de sempre. Chamado novamente para a Seleção, finalmente, realizou o sonho de ser convocado para uma Copa do Mundo, em 2014.

Viver a Copa do Mundo no Brasil, "de dentro", foi um dos momentos mais importantes da minha vida, porque acompanhei todos os jogos com a minha família e a família do Victor. Na primeira fase, mata-mata; no inesquecível 7 a 1, eu estava no Mineirão; na disputa do terceiro lugar em Brasília. Mesmo sem o título, foi muito especial.

Fábio e Victor na Copa do Mundo de 2014

Quando se chega a esse patamar que o Victor chegou, é natural olhar para trás e identificar os erros e acertos ao longo do caminho.

Nada se sobrepõe ao potencial do atleta, mas, no caso do Victor, tivemos muito mérito estratégico. Quando eu disse para o Victor que ele tinha sido vendido para o Atlético, ele ficou muito abalado, choramos durante todo o trajeto do Estádio Olímpico até a sua casa. A identificação dele e da família com o Grêmio, com a cidade e com os amigos de Porto Alegre era enorme. Então, tivemos que ser fortes e bancar essa decisão, porque enxergamos que era o melhor para aquele momento.

Ao mesmo tempo, entre consolar e transmitir a importância dele para o novo clube, eu o coloquei para conversar com o presidente Kalil por telefone. Afinal, ele já tinha anunciado a contratação.

O mais legal disso tudo é que foi um trabalho de gestão de carreira de ponta a ponta na jornada do Victor. Essa é uma das características importantes da FMS. Uma parceria que vai do terceiro goleiro do Paulista de Jundiaí, em 2004, ao São Victor de 2013, até a transição do ídolo para ser gerente-executivo e agora diretor-executivo do Atlético. Uma relação para a vida.

Nessas voltas que o futebol dá, quem liderou esse processo de transição de atleta para gerente-executivo foi o mesmo diretor que contratou o Victor no Grêmio, em 2007: Rodrigo Caetano. Uma pessoa incrível, um profissional extremamente preparado para o cargo que exerce, e a quem considero um grande amigo. Rodrigo participou de algumas operações em que estive envolvido nesses anos todos, mas sempre lembro dessa negociação do Victor.

Ou melhor, do São Victor.

DEPOIMENTO

Sempre conversamos muito, fizemos juntos o meu planejamento de carreira. O Fábio foi extremamente presente em todos os sentidos: de me orientar, abrir os olhos para enxergar as melhores oportunidades. Acho que nunca tive um contrato assinado com ele. Nossa relação sempre foi pautada na confiança. Acho que é assim que se constrói uma relação. Por isso, essa parceria foi tão forte, duradoura e produtiva.

O dia em que fui convocado para a Copa do Mundo, em 2014, nós estávamos em casa, em Belo Horizonte, aguardando a convocação. Quando o Felipão falou o meu nome, saímos como malucos, correndo pelo quintal de casa. Foi um momento muito marcante. Isso tudo demonstra que o interesse do Fábio não era somente profissional, mas também de entusiasta de minhas conquistas.

VICTOR — EX-ATLETA DA FMS E DIRETOR-EXECUTIVO DO ATLÉTICO-MG

Acesse o depoimento completo.

Fábio com o Victor nos dias atuais

6
DOM DARÍO PEREYRA

O que nos faz abrir novos caminhos é um novo olhar. E teve uma pessoa que olhou para mim e para o meu futuro de um jeito diferente. Darío Pereyra. Uma das figuras mais importantes na minha trajetória.

Quando subi para jogar no Sub-20, quem assumiu o time na época foi o Darío. Uma lenda do futebol uruguaio. Campeão Brasileiro em 1977 e 1986. Tetra Estadual. Até hoje é considerado um dos grandes ídolos do São Paulo.

Essa era a primeira oportunidade do Darío como treinador, e ele me abraçou de um jeito impressionante. Eu era o camisa 10 dele em todos os jogos, o capitão, o cobrador de pênaltis e de faltas. Às vezes, ele me tirava antes de o treino acabar para que eu pudesse ficar batendo falta. Tinha dias que ele ligava para o meu pai e falava: "Mário, deixa o Fábio dormir à tarde, o sono faz parte do treino, deixa ele descansar". Dou risada só de lembrar. Isso era demais, meu pai ficava bravo que eu dormisse à tarde.

Acho que o Darío conseguia enxergar todo o meu potencial. Ele fazia questão de despertar minhas competências: um jogador que poderia resolver o jogo em uma bola parada, em um lançamento, em uma enfiada de bola. Para ele, eu era o atleta mais decisivo do time. Sempre fui escolhido por ele como um líder do grupo. Muitas vezes fui o capitão. Ser visto como uma referência por qualquer pessoa já é incrível, mas ser visto como uma referência pelo Darío era demais.

Na preparação para a Taça São Paulo de 1995, desceram alguns jogadores do profissional para jogar a Copinha; entre eles, o Denilson Show, que é dois anos mais novo do que eu e já estava no profissional. Ele era um fenômeno desde sempre. Além dele, desceram o Dodô, artilheiro de belos gols, e o Douglas, japonês, um craque. Eu não era mais titular, mas sabia da minha importância para o time, sabia que, provavelmente, entraria durante os jogos. Às vezes, um jogador está insatisfeito porque não é o titular absoluto, mas isso não pode afetar sua convicção da real importância que tem.

Darío Pereyra e Fábio Mello como capitão

Foi o que aconteceu na semifinal daquela Copa São Paulo de 1995: São Paulo e Corinthians, no Canindé. O Corinthians estava ganhando por 2 a 1, o Darío me chamou, eu entrei, empatei o jogo – 2 a 2 – e, em seguida, marquei o gol da *vitória*: 3 a 2. Viramos o jogo. Eu fiz os dois gols. Inesquecível. Mas...

O Corinthians empatou no último minuto, tirando-nos a vitória. O jogo foi para os pênaltis e o São Paulo foi eliminado. Eu acabei perdendo um pênalti e o Denilson, pentacampeão Mundial, também perdeu o dele. Foi uma das piores derrotas que tive. Corinthians se classificou, venceu a Ponte Preta na final e foi campeão.

A nossa derrota, todavia, teve um aspecto positivo. Sr. Pupo Gimenez, que era o técnico do Corinthians e já me conhecia dos Campeonatos Paulistas, assumiu a Seleção Brasileira para os Jogos Pan-Americanos de Mar del Plata, em 1995, e me convocou para a competição.

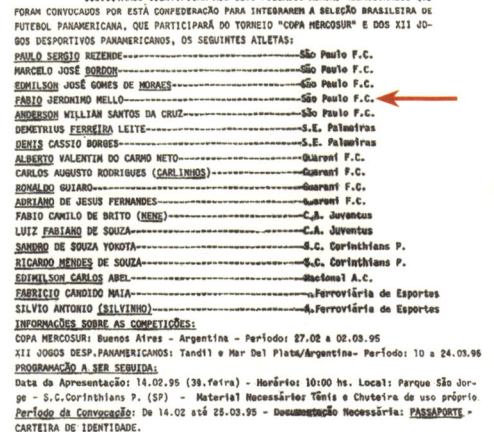

Fábio, o quarto agachado, da esquerda para a direita, na Seleção Sub-20

Convocação para a Seleção Sub-20

Como os principais jogadores dessa geração (nascidos em 1974, 1975, 1976) estavam disputando outra competição, a CBF sugeriu ao Sr. Pupo Gimenes que convocasse a Seleção Brasileira baseada no que ele tinha acompanhado no Campeonato Paulista e na Copinha. Dos 23 convocados, 18 viajariam. Depois de um mês de pré-temporada, fui um dos cortados. Triste demais! Mas acreditem, acabou sendo bom de novo. Tudo na vida tem uma resposta mais à frente.

Não viajei para Mar del Plata a fim representar o Brasil, mas, quando voltei para São Paulo, o Muricy, que já me conhecia muito bem, sugeriu ao Telê Santana que eu me apresentasse ao profissional em vez de retornar para o Sub-20. O Telê aceitou e, assim, comecei a minha trajetória no profissional do São Paulo.

Tenho uma memória muito específica desse período. Em alguns momentos, agora era eu que descia dos profissionais para jogar no Sub-20. No dia 12 de outubro de 1995, disputamos uma preliminar entre São Paulo e Santos pelo Campeonato Paulista de Aspirantes, no Morumbi.

> NAS AULAS, FAÇO UMA ANALOGIA PARA OS ALUNOS: A CARREIRA É COMO SE FOSSE O RESULTADO DE UM ELETROCARDIOGRAMA, AQUELE GRÁFICO NÃO LINEAR É SINAL DE QUE ESTAMOS VIVOS. OU SEJA, OS ALTOS E BAIXOS SÃO SINAIS DE QUE ESTAMOS NO CAMINHO. É ISSO QUE NOS MOVE E NOS TRANSFORMA.

Vencemos por 5 a 3, com três gols meus, dois de pênalti e um de falta – Darío era o técnico e eu decidi na bola parada como ele sempre me estimulava.

Hoje, quando idealizo o plano de carreira de um atleta que represento, sempre resgato experiências como essas que vivi e mantenho a crença de que os ciclos têm começo, meio e fim. As oscilações fazem parte da carreira. É natural.

Nas aulas, faço uma analogia para os alunos: a carreira é como se fosse o resultado de um eletrocardiograma, aquele gráfico não linear é sinal de que estamos vivos. Ou seja, os altos e baixos são sinais de que estamos no caminho. É isso que nos move e nos transforma.

Slide da aula

Por isso, ter convicção no plano e na capacidade de suportar os processos é essencial para atingir os objetivos. Percebe como a vida no futebol é uma gangorra? E como os altos e baixos sempre vão existir? Então, calma que vem mais.

7
O FUTEBOL E OS ESTUDOS

No meu último ano de Sub-20, em 1995, o São Paulo disputou, em Dallas, nos Estados Unidos, um campeonato. Dallas Cup, torneio muito reconhecido, considerado por muitos o Mundial de Clubes da categoria. Chegamos à final. São Paulo e Milan. Jogaço. Eram os dois melhores times da competição. Fizemos um ótimo campeonato, eliminamos três clubes mexicanos, nas oitavas, quartas e semi, até chegarmos à final contra o Milan.

Nesse torneio, eu e o Edmilson, que anos depois se tornou pentacampeão Mundial com a Seleção Brasileira, éramos os destaques do São Paulo. Eu e o também camisa 10 do Milan estávamos brigando pela artilharia. Eu com sete gols em seis jogos, e ele com seis gols em seis jogos.

Campeões do Dallas Cup

Na partida final, nosso centroavante não entrou em campo e o Darío Pereyra me colocou de atacante, mais perto do gol. Nessa posição, de camisa 9, rendi pouco. Mesmo assim, em um dos meus lances de produtividade, consegui sofrer um pênalti. Era a oportunidade do título e de me consolidar como artilheiro da competição. Quando fui bater, peguei mal na bola e perdi o pênalti.

Acesse e assista ao lance do pênalti.

De toda maneira, o jogo terminou 2 a 1 para o São Paulo e fomos campeões. Fui o artilheiro da competição e o Edmilson foi o melhor jogador do torneio. Quando retornamos ao Brasil, recebi três propostas para jogar em universidades americanas. Meu pai e eu fomos conversar com o professor João Paulo Medina, uma grande referência para mim até hoje. Ele, que era o diretor do São Paulo na época, foi bem direto. Disse: "Mário, esse pode ser um excelente caminho, mas o Fábio, hoje, é uma realidade para o São Paulo, e está muito próximo de integrar de vez o elenco profissional". Ali foi mais um passo importante para fortalecer minha transição da base para o profissional. Eu escolhi ficar e seguir no clube.

Troféu de artilheiro

Convicto, segui a carreira de atleta, sempre conciliando com os estudos. Aos 16 anos, eu me matriculei no curso técnico de contabilidade (noturno, pois treinava pela manhã e à tarde) do Colégio Bilac, que era um dos principais colégios na disputa dos jogos estudantis Copa Dan'Up Jovem Pan, onde, aliás, fiz um dos gols mais bonitos da minha vida.

Acesse e assista a esse golaço.

A QUANTIDADE DE TOMADAS DE DECISÃO QUE UM ATLETA TEM ENQUANTO JOGA É ABSURDAMENTE ALTA. O ENTENDIMENTO SOBRE A ESTRATÉGIA DO JOGO, A COMPREENSÃO DE DIVERSOS E COMPLEXOS ESQUEMAS TÁTICOS, A CAPACIDADE DE ENTENDER O JOGO DO ADVERSÁRIO... TUDO ISSO PASSA PELO POTENCIAL COGNITIVO DO ATLETA.

Foi uma ótima fase. E consegui conciliar minha atividade de jogador profissional com a de estudante até o segundo ano de faculdade de Educação Física.

Fábio quando passou no vestibular, em 1993

Mesmo depois de ter saído do Bilac, o diretor da escola ainda me tinha como referência e me chamava para dar palestras aos alunos bolsistas que só queriam jogar bola e cabular aulas. Guardo com carinho essas lembranças escolares. Não havia como eu saber, mas surgia ali um pouco da minha relação com a área acadêmica.

Nesse jogo bola *versus* estudo, é importante ressaltar o quanto o desenvolvimento intelectual do atleta pode ser decisivo para o seu progresso no futebol. Ao contrário do que se pensa comumente, que atleta de futebol "não precisa se desenvolver cognitivamente, porque basta ter o dom da bola", a inteligência sempre foi atributo importante para os jogadores. E vem ganhando cada vez mais importância. A quantidade de tomadas de decisão que um atleta tem enquanto joga é absurdamente alta. O entendimento sobre a estratégia do jogo, a compreensão de diversos e complexos esquemas táticos, a capacidade de entender o jogo do adversário... Tudo isso passa pelo potencial cognitivo do atleta.

Copa Dan'Up Jovem Pan, em 1992

8
TRISTEZAS E ALEGRIAS

Na vida e na trajetória como atleta, somos obrigados a fazer renúncias. Todas as vezes em que penso sobre isso, uma coisa me vem à cabeça: é incrível como alguns insucessos, decepções e derrotas, ao longo do tempo, podem se transformar em aspectos positivos. E em um curto espaço de tempo. Ter consciência disso foi fundamental para que eu não desistisse. Claro que o decorrer do tempo e a maturidade me ajudam a enxergar as situações com mais clareza. Aprendi a extrair sabedoria das adversidades e isso é uma das coisas que tento passar para os jogadores que represento.

Contarei alguns episódios que aconteceram comigo e hoje vejo como grandes aprendizados.

Depois de quase cinco anos nas categorias de base do São Paulo, a cada ano que passava, eu percebia que a competição ficava mais difícil. A cada janeiro, novos atletas chegavam e aconteciam dispensas – um filtro que tornava o processo ainda mais duro. E, para uma das minhas maiores tristezas, com 16 para 17 anos, fui dispensado. Foi difícil demais. Uma decepção gigantesca. Eram muitos anos me dedicando para aquilo. Não era uma semana, um mês, um ano. Como eu disse, eram quase cinco anos, todos os dias ali.

As pessoas não fazem ideia da dificuldade nem do processo que são necessários enfrentar para se tornar um jogador de futebol. Do quanto o atleta se esforça e tudo o que passa para ter o mínimo de chance. Imagina quantos jogadores espetaculares, quantos craques ficaram pelo caminho por circunstâncias que lhes fugiam do controle.

> É INCRÍVEL COMO ALGUNS INSUCESSOS, DECEPÇÕES E DERROTAS, AO LONGO DO TEMPO, PODEM SE TRANSFORMAR EM ASPECTOS POSITIVOS. E EM UM CURTO ESPAÇO DE TEMPO. TER CONSCIÊNCIA DISSO FOI FUNDAMENTAL PARA QUE EU NÃO DESISTISSE.

Essa minha dispensa no São Paulo foi terrível. Uma situação difícil para mim e para a minha família também. Mas, como diz o ditado: "Deus escreve certo por linhas tortas!". Alguns dias depois, recebi uma ligação inesperada no telefone fixo de casa (não havia celular na época):

— Fábio, aqui é o Marçal, técnico do Sub-17, tudo bem? Tive acesso à lista de dispensa do Sub-16 e vi que você foi dispensado. Queria te chamar para se apresentar na semana que vem, pois gosto das suas características e gostaria de contar com você para os próximos anos.

Meu Deus do céu! O que foi aquela ligação? Eu estava de volta ao jogo!

Nesse mesmo período, eu também jogava futsal pelo Clube Banespa. Disputamos uma final importante no Campeonato Paulista: Banespa x Nacional, jogo transmitido pela TV Jovem Pan. Milton Neves narrou o jogo. O time do Nacional era uma máquina. Empatamos os dois jogos e eles se sagraram campeões, pois tinham mesmo a melhor campanha.

De todo modo, joguei bem e, algumas semanas depois, como "prêmio", fui convocado para a Seleção Paulista de Futsal, a fim de disputar o Campeonato Brasileiro de Seleções. Olha o time da Seleção: Zé Elias (ídolo do Corinthians e jogava futsal na GM), de fixo; eu e Fernando Diniz, nas alas; e Caio Ribeiro, no pivô. Timaço.

Acesse e assista aos lances de Banespa x Nacional + entrevista.

Acesse o depoimento do Caio sobre a Seleção Paulista de futsal.

A partir desse momento, não teve jeito, o São Paulo nos pressionava, pois não permitia que jogássemos futsal em outro clube. Tínhamos que decidir entre o campo e o futsal. Ah, as famosas e difíceis decisões a que o futebol nos obriga! E com tão pouca idade!

A minha formação no futsal foi muito importante para o meu desenvolvimento técnico e cognitivo. Carrego memórias importantes e inesquecíveis do Cuiabá Tênis Clube, Banespa e Colégio Bilac, que era o colégio dos "craques". Foi uma fase maravilhosa disputar a Copa Dan'Up Jovem Pan. Conquistamos um título, um vice-campeonato e muitas histórias para contar.

Darío Pereyra, Muricy, presidente Fernando Casal De Rey e Marçal na festa em comemoração aos 40 anos de Fábio

DEPOIMENTO

O que sempre chamou minha atenção foi a sua capacidade cognitiva. Ele era um jogador muito inteligente na posição em que jogava; um atleta diferenciado, com ótimo passe, bola curta, bola longa, lançamentos... Não importa. O Fábio fazia tudo muito bem. E chutava muito forte.

Vou dar uma puxada de orelha: ele não marcava tão bem, mas compensava com uma criatividade enorme. Ele dava velocidade para o jogo.

O Fábio sempre teve um potencial grande. Não só na bola, mas na parte humana. Interagia com todo mundo. Era respeitoso, um camarada no grupo. Um cara leal, humilde, fato que me surpreendeu, porque ele vinha de uma família bem estruturada. E, mesmo assim, conseguia se integrar com todos os meninos e não fazia distinção.

MARÇAL — TÉCNICO DE FUTEBOL E DO FÁBIO MELLO NA CATEGORIA SUB-17

Acesse o depoimento completo.

9
UM FURACÃO E UMA AMBULÂNCIA

Ainda atuando pelo São Paulo, em 1997, imaginei que esse seria o ano de consolidação na equipe principal, pois eu vinha da temporada anterior – meu primeiro ano como profissional – com bons números: 30 jogos e alguns belos gols. Completei a pré-temporada em janeiro. Inclusive, entrei no jogo de estreia do Campeonato Paulista, contra a Portuguesa Santista.

Naquele ano, era clara a necessidade de o São Paulo contratar um lateral-direito. E o nome preferido era o Alberto Valentim (hoje treinador), que jogava pelo Athletico Paranaense. O presidente Mario Celso Petraglia, que estava começando sua gestão na época, foi muito claro: o Athletico só liberaria o Alberto se "o Fábio Mello fosse para lá". Seria uma troca. Esse período coincidiu com o início da construção da Arena da Baixada e toda estruturação do plano de ação para transformar o CAP na potência que é hoje. Acompanhar de perto tudo isso e perceber a visão de longo prazo do presidente Petraglia foram fatores importantes na minha formação.

Cheguei ao Athletico cercado de expectativa. Eu era uma promessa do São Paulo, um clube formador. Mas de cara percebi que, mesmo vindo de um grande clube, eu não tinha lugar absoluto – vaga cativa no time. Essa primeira experiência me fez refletir sobre a competição existente em qualquer ambiente profissional. Independentemente do local, divisão ou clube, há sempre concorrência à altura. Você tem que se provar o tempo todo, não importa de onde veio, qual seu *status*. É o momento atual de cada atleta que define, ou deveria definir, quem estará em campo. E no Athletico havia uma concorrência significativa, o clube

> INDEPENDENTEMENTE DO LOCAL, DIVISÃO OU CLUBE, HÁ SEMPRE CONCORRÊNCIA À ALTURA. VOCÊ TEM QUE SE PROVAR O TEMPO TODO, NÃO IMPORTA DE ONDE VEIO, QUAL SEU *STATUS*. É O MOMENTO ATUAL DE CADA ATLETA QUE DEFINE, OU DEVERIA DEFINIR, QUEM ESTARÁ EM CAMPO.

havia investido na contratação de nomes como os volantes Paulo Miranda e Perdigão, na época, revelações do Paraná Clube que, no decorrer da carreira, também construíram trajetórias admiráveis. O elenco era de muita qualidade. Consequentemente, não consegui ser titular absoluto. Então, fiquei alternando entre momentos que jogava e ficava no banco.

Fábio no Atlhetico Paranaense

Mas o CAP é um clube que eu tenho muito carinho e identificação. Estive lá no período em que escrevi este livro (final de 2023), mas, infelizmente, não consegui encontrar pessoalmente com o presidente Petraglia, pois ele estava se recuperando de um problema de saúde.

Enfim, fui para o centro de treinamento do CAP, tive reuniões com o executivo das categorias de base, Léo Coelho, e também com o CEO do clube na época, Alexandre Mattos. Antes de ir embora, passamos na sala do vice-presidente Márcio Lara. Mattos e Léo foram me apresentar, imaginando que eu não o conhecia. Quando o Márcio me viu, disse:

— Olha aí o pupilo do presidente... O presidente adora você, Fábio.

Isso foi muito importante para mim. Aquele carinho e o orgulho que senti me fizeram pensar na solidez das relações. Fui atleta do Furacão por pouco tempo e esse episódio mostrou-me que manter esse nível de relação depois de mais de 25 anos é sinal de que fiz alguma coisa certa. Neste caso, talvez a minha postura e conduta tenham sobressaído mais do que a minha *performance* como jogador.

Considero esse entendimento relevante para todos os que atuam na indústria do esporte, incluindo os atletas e os gestores de suas carreiras.

O legal e curioso é que, durante o meu período no CAP, o Alex (ídolo do Coritiba, Palmeiras e na Turquia) era o camisa 10 do Coritiba; o Ricardinho (campeão Mundial em 2002 e ídolo no Corinthians), o camisa 10 do Paraná; e eu o camisa 10 do Athletico em alguns jogos. Isso me faz refletir sobre outro ponto importante: o que é melhor: o atleta ser formado em um grande clube nacionalmente reconhecido, cujas exigências são maiores e a projeção se reduz apenas ao exterior; ou ser formado em outro centro, menos competitivo, com mais alternativas de caminhos para a carreira? Vale muito essa reflexão.

Em 1997, após um início instável, o São Paulo trocou a comissão técnica e começou a se recuperar nas mãos do Darío Pereyra – o mesmo Darío que apostava muito em mim no Sub-20. Nesse período, ele me ligou. Queria que eu voltasse. Eu estava jogando pouco no Athletico e o Darío não parava de me ligar. O interesse dele era muito importante para mim.

Meu pai, então, marcou uma reunião com os diretores do São Paulo na época, Júlio Brisola, José Dias e o presidente Fernando Casal de Rey, pelo qual sou grato e tenho grande admiração. Meu pai ouviu na reunião que o Darío queria a minha volta, mas a diretoria *não*. Portanto, eu não retornaria. Depois de ouvir isso, o meu pai saiu de ambulância do Morumbi. Até hoje não sei a versão verdadeira para o ocorrido, o que sei é que houve uma discussão importante e o meu pai, de tanto nervoso, acabou passando mal.

Trazendo para os dias de hoje, estabeleço um paralelo com o que acontece frequentemente na nossa atividade de agente: muitas vezes o pai, ou outro familiar, quer participar, quer fazer o papel de empresário, e isso não é fácil. É praticamente impossível separar o atleta do filho. Quando o pai, por exemplo, encontra-se com os dirigentes do clube para falar sobre o plano de carreira do atleta/filho, cria-se um desconforto natural na condução de uma reunião.

Ter um agente/representante com as características, princípios e valores alinhados com a família, é fundamental para fazer a gestão da carreira profissional de um atleta. Conforme abordei em capítulos anteriores, vejo muito valor em trazer a família para perto e torná-la parte do processo, alinhada com o caminho do plano de carreira. No entanto, respeitar os papéis e as competências das partes é essencial para garantir maior eficiência na busca pelos objetivos do atleta.

Certa vez, em uma das minhas viagens a trabalho para a Europa, levei comigo o pai de um dos nossos atletas, a fim de que ele pudesse acompanhar as reuniões e negociações sobre o futuro da carreira do filho (o jogador não nos acompanhou). Ao retornarmos para o Brasil, estávamos conversando, nós três, sobre as reuniões que havíamos feito. O pai contou ao filho que ficara impactado pela possibilidade que teve de acompanhar tudo. Disse que se não tivesse vivido aquilo, não acreditaria. Isso foi muito importante para mim.

Voltando ao São Paulo. Embora a diretoria naquela época tenha dito não, tempos depois, e com o apoio do presidente Fernando, acabei retornando para clube. Joguei algumas partidas e, nesse ano de 1997, ajudei o time chegar à final da Supercopa da Libertadores, enfrentando o River Plate no Monumental de Núñez. Perdemos por 2 a 1 na Argentina, e empatamos no Morumbi, 0 a 0. Dois jogos com mais de 90 mil pessoas no estádio.

Eu entrei nesses dois jogos, participei dessa final pelo São Paulo. E guardo isso como uma memória importante, mesmo não tendo sido campeão. Mais uma vez, foi uma época de ensinamentos que transcenderam as quatro linhas.

DEPOIMENTO

Conheci o Fábio Mello quando o São Paulo o liberou para jogar no Furacão, muito jovem ainda. Conheci também seu pai, que trabalhava no campo financeiro. O Fábio veio de uma família estruturada e de nível intelectual alto, ao contrário da maioria dos atletas brasileiros.

O Fábio se destacou no Athletico, mas ficou pouco tempo como nosso jogador. Mais tarde voltei a conviver com o Fábio. Dessa vez, ele já era um grande agente de atletas. Estamos no mesmo lado mais uma vez, agora ele como agente e nós como dirigentes.

Com sua formação acadêmica e experiência como ex-jogador, ele se tornou um dos principais agentes do nosso futebol.

MARIO CELSO PETRAGLIA

10
ESSA É PARA VOCÊ, PAI

O futebol é muito mais que um jogo, pois permite que coisas mágicas aconteçam. Coisas que transcendem a bola e carregam em si um simbolismo bem maior do que conquistas, títulos, fracassos.

Em 2001, uma passagem me marcou nesse sentido. Recebi uma proposta para jogar no Danúbio, do Uruguai. E aceitei.

Naquela época, o meu agente era o Márcio Rivellino, filho do Riva. Pessoa e profissional que admiro muito. O Pedrinho Rocha, filho do Pedro Rocha, ídolo histórico do São Paulo, tinha relações com os clubes do Uruguai e foi ele quem trouxe essa proposta do Danúbio.

Rivellino, Fábio, Gerson e Marinho, pai do Fábio

> CARREGO COMIGO QUE, QUANDO AS DECISÕES SÃO TOMADAS COM O CORAÇÃO, O UNIVERSO SE ENCARREGA DE RETRIBUIR O "TEMPO PERDIDO" DE ALGUMA MANEIRA. E ISSO ACONTECEU DE UMA FORMA INCRÍVEL. ACERTEI UM CONTRATO COM O GIGANTE FLUMINENSE...

Marcamos de nos encontrar no estacionamento da Escolinha do Riva, que ficava ao lado do Shopping Morumbi, perto de casa. De lá, iríamos direto para o aeroporto de Guarulhos. Quando, acompanhado do meu pai, cheguei ao estacionamento, quem estava lá? Os filhos dos dois maiores ídolos dele: Pedro Rocha e o Rivellino. Dois dos melhores camisas 10 do São Paulo e do Corinthians, do Uruguai e do Brasil. Imagina o orgulho do meu pai ao ver os filhos dos seus ídolos ali, prontos para me levar para jogar. Nem eu consigo imaginar o que ele devia estar sentindo, é uma mistura de emoções. Por isso, deixarei que ele mesmo conte para você. Conta para eles, pai!

Acesse e assista ao depoimento.

Eu assinei o contrato com o time uruguaio por um ano, mas joguei seis meses lá. Mesmo sabendo do risco que corria para a sequência da minha carreira, voltei para o Brasil a fim de apoiar a minha família – ela precisava de mim por perto. Com muito entendimento e sensibilidade da parte deles, em especial do meu técnico Jorge Fossati, o Danúbio aceitou meu pedido de rescisão de contrato.

Voltei em junho de 2001 e não deu outra: fiquei sem clube até janeiro de 2002.

Carrego comigo que, quando as decisões são tomadas com o coração, o universo se encarrega de retribuir o "tempo perdido" de alguma maneira. E isso aconteceu de uma forma incrível. Acertei um contrato com o gigante Fluminense, mas conto essa história no próximo capítulo.

11
PALAVRA: ARTIGO RARO E INTRANSFERÍVEL

Para mim, existem coisas que importam muito mais do que cifras milionárias. A palavra, por exemplo. Digo isso sem demagogia alguma. Sempre fui assim como jogador e prezo por isso nas minhas relações como empresário. Em janeiro de 2002, mais precisamente no dia 6, recebi uma proposta inesperada do Joinville para disputar o Campeonato Catarinense. O Joinville era e é um clube sólido na região de Santa Catarina e estava em meio à construção de uma nova arena, um projeto bem atraente. Como eu já estava há seis meses sem clube e sem contrato, aceitei a oferta. A minha contratação seria importante para mim e para a equipe, sem dúvida.

Eu estava no aeroporto de Congonhas, em São Paulo, e, no momento de fazer o *check-in* para embarcar com destino a Joinville, recebi uma ligação: era o Paulo Angioni, diretor de futebol do Fluminense. Ele me contou que havia conversado com o Osvaldo de Oliveira, técnico do Fluminense, e que fecharíamos um contrato para jogar o Campeonato Carioca e o Torneio Rio-São Paulo. Era um contrato de seis meses, com a possibilidade de estender para o Brasileiro – semelhante ao contrato proposto pelo Joinville. Eu, no *check-in* do aeroporto, fiquei ponderando essa nova oportunidade e disse ao Paulo que retornaria a ligação no dia seguinte, para alinharmos os detalhes. Então, embarquei para Santa Catarina.

O Mauro Bartholi, presidente do Joinville, aguardava-me na arena quando cheguei. A imprensa também estava lá e eu optei por não falar nada com os jornalistas antes de conversar com o presidente. Ao entrar na sala dele, expus a situação. Expliquei que o Fluminense havia me feito uma proposta semelhante e que, para mim, seria uma grande chance na carreira. O presidente Mauro me perguntou:

— Fábio, a gente assinou alguma coisa?

De fato, não tínhamos assinado nada. Mas fiz questão de viajar para explicar-lhe a situação e lhe disse que se me pedisse para ficar no Joinville, eu ficaria e honraria a minha palavra. Ele valorizou muito isso e me orientou a seguir o que era melhor para a minha carreira. E que eu não me preocupasse, ele resolveria tudo com a imprensa.

Como atleta do Fluminense, vivi momentos marcantes. Por exemplo, o Fla-Flu, em 7 de abril de 2002, dia do aniversário da minha mãe. Disputei esse jogo em uma data muito importante para mim. E lá no estádio estavam, de novo, cerca de 30 pessoas da minha família. Maracanã lotado. Vencemos por 2 a 1. Joguei um pouco mais recuado, como segundo volante, e fiz uma grande partida.

No Interlagos, vestido de Fluminense, em 1982

Fla-Flu, no Maracanã, em 2002

Outra lembrança importante dessa minha passagem pelo Fluminense foi enfrentar o São Paulo, no Morumbi. Um jogo histórico em todos os sentidos. Rogério Ceni fez um gol de falta e demorou para retornar ao gol. Aí reiniciamos o jogo de forma rápida e o Roger Flores (atual comentarista e apresentador) acertou um chutaço do meio de campo. Eu também marquei um gol de cabeça contra o time que me revelou, no estádio onde já tinha sido aplaudido e vaiado. Foi um dos jogos mais marcantes da minha vida.

Acesse e assista ao gol do Fábio.

São Paulo *x* Fluminense, no Morumbi

TER VIVIDO IMPREVISIBILIDADES ME PERMITIU COMPREENDER QUE O PLANEJAMENTO É IMPORTANTE, A ESTRATÉGIA É ESSENCIAL, MAS AS VARIÁVEIS QUE NÃO CONTROLAMOS SÃO INEVITÁVEIS E FAZEM PARTE DE TUDO QUE ENVOLVE O FUTEBOL.

Esses momentos têm um lugar especial na minha história e na minha carreira, pois foram marcados por atitudes e escolhas importantes, além de jogos inesquecíveis que influenciaram diretamente a minha identificação com os clubes envolvidos (Joinville, Fluminense e São Paulo). Além disso, ter vivido imprevisibilidades me permitiu compreender que o planejamento é importante, a estratégia é essencial, mas as variáveis que não controlamos são inevitáveis e fazem parte de tudo que envolve o futebol. Hoje, essa compreensão é o alicerce que pauta a minha conduta, a partir dos meus valores e princípios pessoais. E isso consiste também em me cercar de pessoas com a mesma índole e preceitos éticos, e que buscam a qualificação profissional constante. Esses elementos juntos aumentam muito a chance de as coisas darem certo.

Essas minhas vivências transformaram-se em uma importante ferramenta de gestão da minha empresa. No final de 2023, desenvolvemos o Código de Condutas da FMS. Esse documento faz parte da visão de governança e tem o objetivo de despertar, em todos os membros e envolvidos com a empresa, a importância de uma conduta reta e alinhada por valores compartilhados. O Código é apresentado em temas, mostrando qual conduta espera-se daqueles que se relacionam conosco (colaboradores, diretores, atletas, fornecedores e parceiros) e reforça a conduta que nos comprometemos a ter, diante da indústria e de todas as pessoas com quem temos relação profissional.

12
ALGUNS MILHÕES, POUCO BRILHO

Uma das minhas maiores operações como empresário, no que diz respeito a valores envolvidos, não mexe tanto comigo. A venda do Fred, volante do Shakhtar Donetsk, da Ucrânia, para o Manchester United, em março/abril de 2018, foi uma operação complexa, gigante, com parceiros importantes que lideraram o processo. Tínhamos a Base Soccer, uma das principais empresas da Inglaterra e do mundo, e o Gilberto Silva, ídolo e pessoa incrível.

O curioso foi que, na janela de janeiro de 2018 (janela de inverno), o Pep Guardiola queria o Fred no Manchester City e chegou a oferecer 60 milhões de euros por ele. E o Shakhtar estava em uma fase extraordinária, jogando as quartas de final da Champions League. Em uma postura dura e firme, os ucranianos responderam: "Vocês podem oferecer 500 milhões de euros, mas não venderemos o Fred agora. Não vamos perdê-lo nessa fase importante da competição. Nossa palavra é que, na próxima janela, passaremos a considerar propostas".

A negociação estava sendo liderada pelos parceiros, mas eu estava diretamente envolvido na estratégia. Sugeri ao Gilberto que convidasse a família do Fred para acompanhar nossas viagens e reuniões, pois eles estavam perdendo a confiança no nosso trabalho. O mercado inteiro dos agentes abordava o Fred diretamente, porque não estávamos conseguindo concretizar a operação. Em casos assim, é normal a família ficar aflita, ansiosa. Então, levamos a mãe e o irmão do Fred para participar conosco das reuniões nos clubes. Chegamos a levá-los à sede do Manchester United. Aquilo foi impactante e fundamental para ganharmos a confiança deles.

Posteriormente, o Shakhtar foi eliminado nas quartas. Foi então que, em março ou abril daquele mesmo ano, o fenômeno José Mourinho demonstrou interesse oficial pelo Fred, a fim de levá-lo para o Manchester United. A Base Soccer tinha uma excelente relação com o United, o Mourinho respeitava e admirava muito o Gilberto. Construímos isso juntos e fechamos a operação por 55 milhões de euros e cinco de bônus, para não ficar abaixo dos 60 milhões oferecidos pelo City em janeiro.

Assinatura do contrato do Fred com o Manchester United

Foi uma operação com uma magnitude incrível e que, a despeito da questão financeira, preencheu um lado importante meu como empresário. Mas, infelizmente, o desdobramento da parceria desta grande negociação não aconteceu da forma como imaginei. Provavelmente, pela sequência dos fatos, houve certo desapontamento de todos os lados. É aquela coisa: expectativas foram criadas e não foram atendidas. Mas tudo bem, o tempo se encarrega de ajustar o que realmente precisa ser ajustado.

Hoje, o Fred não é representado mais por mim, nem pelo Gilberto Silva (que foi a pessoa mais importante desse processo), nem pela Base

Soccer, que foi um parceiro fundamental nessa negociação. Talvez esse seja o meu grande incômodo. Isso porque, no modelo de gestão da FMS, o importante e o que nos move não é somente a concretização dos negócios, prezamos pela consolidação e o fortalecimento das relações. Nem sempre é fácil.

> NO MODELO DE GESTÃO DA FMS, O IMPORTANTE E O QUE NOS MOVE NÃO É SOMENTE A CONCRETIZAÇÃO DOS NEGÓCIOS, PREZAMOS PELA CONSOLIDAÇÃO E O FORTALECIMENTO DAS RELAÇÕES. NEM SEMPRE É FÁCIL.

Esse capítulo da minha história como gestor de carreira de atleta reforçou em mim a importância de trazer a família para o projeto que está sendo desenvolvido. E, nesse sentido, é fundamental o empenho para que os familiares não sintam ansiedade ou insegurança. O sentimento da família influencia muito nas decisões e em como o atleta reage ao processo de negociação. Respeitar o núcleo familiar e, na medida do possível, trazer esse respeito para o contexto que está sendo criado, é favorável para todos.

Atualmente, no plano de carreira FMS que comentei anteriormente, um dos propósitos centrais está nesse alinhamento de expectativas e objetivos com o atleta e a família, bem como o entendimento de cenários e possibilidades. O trabalho não é simples, pois exige disciplina, adaptações e tempo para se dedicar aos envolvidos. Fazemos reuniões que algumas vezes levam horas e consomem muita energia.

Cada atleta é um ser humano, portanto, no mesmo "pacote" que encontramos os potenciais de atleta, encontramos seu contexto pessoal. E saber lidar com esses dois aspectos é crucial para cultivar uma relação sólida e duradoura.

13
JICOPA DO MUNDO E AS PENEIRAS

Eu ainda estava no início da adolescência, pronto para cursar a antiga sétima série[3] na mesma escola onde eu havia estudado anteriormente, o Colégio Paulistano.

Coincidência boa esse negócio de Paulistano, Paulista de Jundiaí, São Paulo, Paula... Curioso como esses nomes aparecem e são decisivos na minha vida. Talvez eu devesse me chamar Paulo e não Fábio.

Enfim, voltando ao colégio: todo mês de outubro, mês das crianças, eles promoviam a famosa JICOPA, que eram os Jogos Internos do Colégio Paulistano. Desde o primeiro dia de aula, já montávamos o nosso time para esperar a JICOPA – era o evento mais aguardado por mim e pelos meus amigos. O maior acontecimento do colégio, o grande momento do ano, da primeira série ao colegial.[4]

A melhor dupla nos times da JICOPA era eu e o Luís Ricardo, meu melhor amigo na escola. Era ele quem me apoiava nos momentos mais difíceis e dividia comigo a responsabilidade nos jogos.

Na abertura da JICOPA, o colégio sempre convidava uma personalidade do esporte. Um ano foi o Oscar Schmidt, do basquete, em outro foi o Aurélio Miguel, do judô, e assim era a cada ano.

Minhas últimas JICOPAS foram em 1988 e 1989, eu tinha 13 e 14 anos, por aí. A abertura da JICOPA era muito bem organizada: a personalidade do esporte carregava e acendia a Tocha Olímpica, fazia o discurso e, ao final, tinha um jogo de abertura.

---
[3] Hoje, oitavo ano.
[4] Hoje, Ensino Fundamental e Médio.

Fábio, participando da Jicopa como aluno do Colégio Paulistano e, anos depois, como convidado especial

Em 1996, menos de 10 anos depois, eu, com 20 anos de idade, era jogador do elenco profissional do São Paulo. E adivinha quem o Colégio Paulistano convidou para comparecer como personalidade do esporte. Sim, EU. Isso foi demais! Impossível não me emocionar com essa lembrança. Foi um momento de muita realização. Uma das passagens mais incríveis da minha vida, que me comove até hoje.

Como os diretores do colégio me conheciam desde criança, deram-me a liberdade de convidar outros jogadores – ainda não tão famosos, mas que em curto espaço de tempo se transformariam em grandes ídolos do São Paulo. Convidei o Rogério (na época ainda não era *Rogério Ceni*), o atacante França, os laterais Pavão e André Luiz. Todos foram comigo na abertura da JICOPA.

Nessa mesma época em que retornamos para São Paulo (1988), voltei a jogar com aquela turma do Clube Interlagos (que depois mudou o nome para Clube CAFÉ). Um dia, um amigo do meu pai, chamado Folhas, me viu jogando e sugeriu ao Silva – técnico do Sub-12/13 do São Paulo, e até hoje uma pessoa bastante reconhecida no futebol de base do Brasil – que me desse uma oportunidade para fazer um teste.

O professor Silva foi me assistir, gostou do que viu e me levou para o treino do São Paulo. Passei no teste e assinei a ficha de federado no primeiro dia. E ali, em 10 de maio de 1988, comecei a minha trajetória no São Paulo, nas categorias de base do clube, com 12 anos. Foi assim, rápido desse jeito... Porque era para acontecer.

> ALI, EM 10 DE MAIO DE 1988, COMECEI A MINHA TRAJETÓRIA NO SÃO PAULO, NAS CATEGORIAS DE BASE DO CLUBE, COM 12 ANOS.
> FOI ASSIM, RÁPIDO DESSE JEITO...

Nesse mesmo ano, por meio de um outro amigo do meu pai, Jorge Chaveiro, fui fazer um teste no Clube Banespa para jogar futsal. O Banespa sempre teve muita tradição nessa modalidade. Para mim, o teste foi histórico, porque no meu primeiro dia de treino já assinei a ficha. Tive uma atuação muito boa; na verdade, ÓTIMA. Fiz um golaço, driblando todo mundo. Meu pai e dois amigos que assistiam ao teste começaram a vibrar como se fosse final de Copa do Mundo. O técnico olhou para a arquibancada e fez sinal de silêncio. Acho que meu pai se empolgou...

Até hoje mantenho contato com o Luisinho, técnico que me aprovou no teste naquele dia. Luisinho é amigo, ex-goleiro de futsal e, como são-paulino, a cada defesa do Rafael nos jogos do São Paulo ele comenta o *post* nas redes sociais, se direciona a mim e diz que tem orgulho da minha trajetória. Isso é muito legal.

Dessa época da minha vida, lembro-me com muito carinho.

DEPOIMENTO

A gente gostava de brincar, mas, ao mesmo tempo, éramos responsáveis nos estudos. E adorávamos jogar bola juntos! Principalmente na JICOPA. Só quem vivenciou aquilo entende a importância desse evento.

Meu objetivo era ser campeão da JICOPA. Então, eu disse: "A gente tem que ganhar!". E completei: "Fábio, garante lá na frente que seguro as coisas aqui atrás".

Nunca fui muito bom na defesa, mas ali era a minha responsabilidade. Eu percebia que, depois que o Fábio entrou no São Paulo, as pessoas depositavam nele uma responsabilidade muito grande de fazer a diferença. De certa forma, eu entendia aquilo ali, mas, ao mesmo tempo, tentava proteger o Fábio. Porque era importante que jogássemos bem, mas eu não queria que ele tivesse qualquer problema jogando no São Paulo. Não queria que algum problema na JICOPA refletisse no início da carreira dele.

LUÍS RICARDO – AMIGO DA ESCOLA

Acesse o depoimento completo.

14
O PODER DA ESCOLHA

Por mais que um atleta tenha um contrato em vigência com a minha empresa, ele tem o direito e a liberdade de falar que não está satisfeito ou que não quer mais trabalhar comigo. O direito da insatisfação ou da rescisão de um contrato é meu também. É uma via de mão dupla e não abro mão disso.

Nesse sentido, lembro-me de dois casos que me marcaram bastante e ilustram bem o que estou falando: o primeiro é o do Samuel Xavier, e o outro é do Fabrício Bruno, atletas com quem iniciamos o trabalho quando eles ainda eram jovens e que se tornaram grandes campeões.

Sobre o Samuel Xavier: após a consolidação do Projeto CEFAF[5] – ligado ao Esporte Clube Banespa, sobre o qual detalharei mais no capítulo 18 –, inserimos o Samuka nas categorias de base do Paulista de Jundiaí, aos 16 anos. Ele se desenvolveu muito dentro do clube, profissionalizou-se, ganhou destaque e teve projeção jogando em importantes clubes, como o São Caetano, depois o Ceará, o Sport e o Atlético Mineiro, que teria sido a nossa grande conquista até ali. No entanto, ele acabou não se firmando e voltou ao Ceará.

Em dado momento, após mais de dez anos trabalhando nesta parceria Samuka/FMS, o jogador manifestou o desejo de tomar decisões da carreira por conta própria. Tínhamos o contrato de representação prestes a ser encerrado, mas era um direito de

---

[5] Em setembro de 2006, o Esporte Clube Banespa, que já ligava sua marca ao vôlei e ao futsal, entrou em um novo campo: o futebol. Lançou o projeto para formação de jogadores, o CEFAF – Centro de Excelência em Formação de Atletas de Futebol. Idealizado por Fábio Mello, o projeto foi criado para trabalhar com jogadores das categorias Sub-17 e Sub-18.

ambas as partes querer renovar ou não. Ele preferiu seguir sozinho. Assim, acordamos uma saída amigável e compreensiva, e até hoje mantemos contato.

Existe uma relação pessoal forte que nos orgulha muito. Inclusive, em um dos principais títulos da carreira do Samuka, ainda no vestiário, minutos após a conquista da Libertadores, fizemos uma ligação de vídeo para comemorarmos esse momento.

Com o Fabrício Bruno, que hoje, para mim, é um dos grandes zagueiros do futebol brasileiro, tivemos situação semelhante. Assumi a representação dele ainda no Sub-20 do Cruzeiro. Ele já tinha um empresário e sugeri a ambos uma parceria na condução/gestão da carreira do Fabrício. Aceitaram.

Fabrício, profissional dedicado e com forte personalidade, conseguiu subir para a equipe principal do Cruzeiro, mas ainda tinha pouca minutagem. Eu confiava demais nele, e a nossa relação sempre foi muito próxima. Como faço todo final e início de ano, definimos o plano de carreira juntos e entendemos, na época, que era importante aumentar a chance de ele jogar e se "apresentar para o mercado". Dessa forma, uma saída do Cruzeiro naquele momento era o melhor caminho.

E assim foi. Naquele momento, a Chapecoense precisava de atletas com uma das principais características do Fabrício: jovem com vontade de vencer. Conseguimos levá-lo para lá. Fiz a indicação ao Rui Costa, diretor da Chapecoense na época, e ao técnico Vagner Mancini. Falei:

— Ele é um jogador jovem, com muito potencial, e ainda tem um custo acessível, vale a pena apostar.

A convicção e adequação nas indicações são aspectos importantes na nossa empresa. Portanto, depois de muita insistência, deu certo: o Fabrício foi contratado para compor o elenco da Chape. Era do que precisávamos. E não deu outra: ele se destacou, consolidou-se, renovou o contrato por mais um ano e, depois, mais preparado e experiente, retornou ao Cruzeiro a pedido do técnico Mano Menezes.

Chegamos a apresentar uma proposta de três milhões de euros do Celtic, da Escócia. O Cruzeiro pediu cinco milhões, o que me pareceu fora da realidade. Naquele momento, o Cruzeiro era liderado por um conselho gestor que não tinha conhecimento específico sobre gestão de futebol. A operação foi barrada.

Existem pessoas que "são do futebol", outras que "estão no futebol" e isso tem uma diferença grande. Muitos usam o "estar no futebol" para interesses e benefícios próprios e são justamente nesses casos que surgem os absurdos.

> EXISTEM PESSOAS QUE "SÃO DO FUTEBOL", OUTRAS QUE "ESTÃO NO FUTEBOL" E ISSO TEM UMA DIFERENÇA GRANDE. MUITOS USAM O "ESTAR NO FUTEBOL" PARA INTERESSES E BENEFÍCIOS PRÓPRIOS E SÃO JUSTAMENTE NESSES CASOS QUE SURGEM OS ABSURDOS.

Enfim, o tempo passou e conseguimos negociar o Fabrício com o Red Bull Bragantino. Com o tempo, ele foi ganhando destaque e, consequentemente, contratos melhores. Renovamos com o clube, mas o Fabrício sempre sonhou em jogar na Europa.

Na época, eu comentei com ele sobre as perspectivas no mercado e, sinceramente, via projeção maior para ele no cenário interno. Além disso, a multa contratual era relativamente baixa. Eu projetava clubes como Grêmio, São Paulo, Corinthians, Palmeiras e Flamengo.

Um dia, Fabrício disse-me que havia empresários entrando em contato direto com ele, "prometendo" vendê-lo para o exterior, e sugeriu que eu fizesse uma parceria com eles. Entre os interessados, havia uma empresa grande, liderada por uma pessoa que é uma importante referência para a classe dos agentes. Mas, para ser sincero, eu não considerava ser necessário fazer uma parceria naquele momento.

Ademais, o que estavam prometendo ao Fabrício era fora da realidade. Garantir que iriam negociá-lo com clube do exterior era impossível. O que um agente pode garantir é que trabalhará muito para buscar uma proposta oficial de um clube do exterior e abrir negociação com o clube atual. Até a transferência dar certo, existem diversas etapas. Enfim, eu não deixava de falar para o Fabrício sobre o que de fato eu acreditava. "Vou trabalhar para te vender para o exterior, mas acho que seu caminho será no Brasil", eu lhe dizia.

A possibilidade de uma parceria com outra empresa continuou. Quando caminhávamos para o fechamento da parceria, ocorreu-me uma dúvida no desdobramento do futuro acordo e fiz um questionamento ao líder da empresa parceira, que me disse:

— Fabinho, vamos fechar logo a parceria, ou você perderá o atleta.

Chamei o Fabrício para conversarmos e dar clareza a tudo. Expus que tínhamos um contrato vigente, que não éramos obrigados a seguir juntos. Se ele entendia que a outra empresa era mais capaz do que a minha para ajudá-lo a alcançar seus objetivos, bastávamos chegar a um "acordo de rescisão" que ficasse bom para os dois lados. Encontramos a solução e o Fabrício honrou tudo. Na hora de assinar o distrato e terminar ali o vínculo desta importante relação, nós dois estávamos emocionados.

Sinceramente, sinto muito por não estar ao lado do Fabrício[6] – sua esposa, seu filho, pai, mãe e irmão – no Maracanã e em outros estádios do mundo, compartilhando suas vitórias e conquistas. Essa seria a grande coroação desta relação.

Ao nosso estilo, a FMS seguirá colocando as percepções verdadeiras durante o processo, atuando como coadjuvante em relação ao sucesso dos atletas. O protagonismo é e sempre será dos jogadores. Somos instrumentos importantes para ajudá-los a direcionar, com verdade, o melhor caminho para a conquista dos seus objetivos. Sem ilusão e sem brincar com os sonhos e desejos deles.

---

[6] No mês da edição final deste livro, em março de 2024, Fabrício Bruno foi convocado pela primeira vez para a Seleção Brasileira.

15
CAMPEÃO POR TABELA

Como característica, envolvo-me demais com o dia a dia dos atletas que represento. Vivo novamente ambientes e emoções que senti na pele, ou até mesmo aquelas que não tive a oportunidade de experimentar como jogador.

Lembro-me de alguns momentos marcantes, como a Libertadores de 2013, quando Victor e Réver foram protagonistas na conquista do Atlético Mineiro. Não existe um torcedor do Galo que não se recorde deles naquele título.

Réver e Victor na conquista da Libertadores

101

Falar de Victor e Réver é resgatar o início da minha carreira como agente e da grande essência da FMS. Fizemos a gestão da carreira deles de ponta a ponta. E, do mesmo modo que já tínhamos vivido com o Victor há alguns anos, foi o momento de participar de uma linda festa de encerramento da carreira do Réver.

Acesse e assista a homenagem ao Réver.

Qual é o nosso papel agora? Participar e contribuir da melhor forma possível para o processo de transição e fortalecer cada vez mais a relação como amigo. Além disso, algumas vezes há a continuidade do trabalho como agente para aqueles que optam pela carreira de técnicos – como é o caso do próprio Réver – ou como consultor, para quem escolhe atuar na gestão ou em outras áreas do esporte.

Outro grande vencedor é o Mayke, jogador do Palmeiras. Ganhou tudo. Estaduais, Campeonatos Brasileiros, Copa do Brasil, Recopa, Supercopa, Libertadores, prêmios individuais como melhor lateral-direito. Isso o tempo não apaga, é história escrita.

Assinamos o contrato de representação do Mayke em 2012, quando ele ainda atuava pelo Sub-20 do Cruzeiro. O salário, na época, ainda era baixo. E a gente dava todo o suporte; inclusive, quando necessário, ajudávamos nas passagens de ônibus de Belo Horizonte para Pedra Dourada, a cidade da família dele no interior de Minas. Confesso que o Mayke nunca foi de pedir nada, muitas vezes tímido, mas educado sempre. Temos uma relação profissional e familiar muito próxima. Minhas filhas falam: "Pai, o tio Mayke vai jogar hoje?". Em casa, ele ainda é o "tio Mayke".

O tempo foi passando e conseguimos fazer sua projeção interna no Cruzeiro. Foram adequações salariais constantes, de acordo com a evolução e importância dele dentro de campo. Em 2013 e 2014, logo nos primeiros anos, jogando como profissional, Mayke se tornou bicampeão Brasileiro.

O Benfica, clube de Portugal, por meio do seu representante Chico, e do Giuliano Bertolucci, um dos principais agentes do futebol brasileiro, fez uma proposta de 7 milhões de euros pelo Mayke, jogador jovem e no auge da carreira – achávamos que era o auge. Foi uma proposta excelente, valor realmente para fechar a negociação. O presidente do

Cruzeiro, porém, respondeu que venderia o Mayke por 8 milhões de euros. Negociar é um direito e faz parte de qualquer transação.

Eu e o Chico saímos da reunião e fomos para a casa do Mayke. Comentamos com ele sobre o contexto da reunião e eu disse que a operação, provavelmente, seria concretizada, era questão de negociarmos mais um pouco. Geramos aquela expectativa no atleta e na família.

Esse foi um episódio que me fez aprender muito com relação à condução de futuras negociações. Isso porque, no dia seguinte, em nova reunião com o Cruzeiro, e já com alternativas para chegar ao valor pedido pelo clube, para a nossa surpresa, o presidente disse que havia analisado melhor a situação e, então, aumentou o valor para 12 milhões de euros. Vinte e quatro horas depois da primeira reunião, o Cruzeiro aumentou em 4 milhões o valor de venda do Mayke. Inacreditável! Apenas eu, o Chico (do Benfica) e o próprio presidente podemos falar o que foi aquilo. A situação mexeu demais com o emocional do Mayke, foi um momento bem complicado.

Resultado disso? Declínio significativo na *performance*. Mayke não conseguia mais render como antes. Era necessário criar um novo caminho para poder seguir e voltar à "velha forma". Após algumas abordagens e reuniões com diretores de diversos clubes, ficamos muito próximos a um acordo com o Grêmio, mas o Cuca e o Alexandre Mattos, respectivamente, técnico e executivo do Palmeiras, naquele momento, acreditaram e deram uma oportunidade para ele. Na proposta, ele receberia o mesmo salário do Cruzeiro e ainda teria que arcar com a moradia em São Paulo, ou seja, ele foi para o Palmeiras para ganhar teoricamente menos e tentar resgatar a carreira.

Alexandre Mattos foi fundamental nessa negociação. Ele era o diretor-executivo do Cruzeiro na época do Bicampeonato Brasileiro e tinha convicção de que poderia recuperar o atleta. Em resumo, pelo Palmeiras, Mayke se tornou multicampeão e é uma das grandes referências do time. Acho que deu certo, né? Merecido!

> **AS NEGOCIAÇÕES REPRESENTAM MUITO MAIS DO QUE NOVOS CONTRATOS, NOVOS SALÁRIOS E COMISSÕES. REPRESENTAM SONHOS E EXPECTATIVAS, ESPECIALMENTE DO ATLETA E DE SUA FAMÍLIA.**

Sobre o aprendizado que comentei antes, ressalto: as negociações representam muito mais do que novos contratos, novos salários e comissões. Representam sonhos e expectativas, especialmente do atleta e de sua família. O insucesso de uma negociação, portanto, não significa somente a falta do retorno financeiro, pode ir além, impáctando no desenvolvimento da carreira esportiva.

A força mental, como eu costumo dizer, é essencial para se atingir a alta *performance*. Todavia, por mais forte que o atleta seja mentalmente, ainda é um ser humano e isso o torna, de alguma forma, vulnerável. Cabe ao representante do atleta ter sensibilidade, maturidade e habilidade para conduzir o processo de negociação respeitando essa realidade, colocando todas as variáveis em equilíbrio.

Na FMS, essa é uma busca constante. Erramos e acertamos, mas estamos sempre prezando pelo ser humano e suas expectativas. Por isso, mantemos a máxima atenção em cada etapa do processo.

Fábio Mello com Mayke em todas as etapas

DEPOIMENTOS

Conheci o Fábio no início da minha carreira, quando eu ainda estava no América-MG. Eu era jovem e buscava compreender o que era o mundo do futebol, queria desenvolver as minhas ideias, ganhar conhecimento.

Tive a felicidade de conhecer uma das pessoas com quem mais me identifiquei, que criei uma relação saudável, honesta, justa e transparente.

Com a visão constantemente voltada para possibilidades futuras, o Fábio Mello se destaca muito na maneira de ser, de agir, no modo estratégico de desenvolver suas ideias e, principalmente, por sua conduta ética e moral.

Tivemos vários episódios de negociações, momentos de concretização de sonhos de pessoas, sempre de uma maneira muito leve e, ao mesmo tempo, extremamente eficiente.

O Fábio sempre foi muito atento, estratégico. Não só para seus jogadores. Ele ajuda bastante os clubes com os seus atletas, seja apoiando, cobrando melhorias, ou exigindo envolvimento dos jogadores que ele representa.

Fábio, você merece ter esse momento de escrever o seu livro. A sua história é belíssima e precisa ser contada para a felicidade do mundo do futebol, do mundo empresarial, do mundo da correção, da ética e da moral. Sem dúvida alguma, você é uma das grandes pessoas que eu conheci no futebol e é uma grande honra te chamar de amigo.

ALEXANDRE MATTOS — EXECUTIVO DE FUTEBOL

É difícil começar, pois não sou muito bom com as palavras. Mas eu não poderia deixar de falar a respeito desse cara, que é incrível, que eu admiro como profissional e mais ainda como pessoa. Ele não é apenas o meu empresário, também se tornou um amigo. O Fábio é como um pai para mim. Ao longo desses mais de dez anos de parceria, construímos uma linda trajetória, vibramos juntos a cada conquista, e nas dificuldades ele sempre esteve ao meu lado.

O Fábio tem um coração enorme. Ele se preocupa, não nos vê apenas como atletas, enxerga o nosso lado humano; acho que esse é o seu diferencial. Por isso, ele é tão respeitado por todos no mundo do futebol. Só tenho a agradecer por fazer parte dessa equipe.

Quero dizer que me orgulho em ter você como empresário e fazer parte da sua trajetória, como você faz da minha! Estamos juntos. Conte comigo sempre!

Você e toda a sua família são muito especiais para mim. Amo muito vocês!

MAYKE — JOGADOR DO PALMEIRAS (2024)

16
UMA MONTANHA-RUSSA CHAMADA 2000

Os altos e baixos fazem parte, mas esse ano de 2000 foi demais.

Após lesões e sem conseguir jogar por praticamente um ano, em 2000 assinei contrato com a Inter de Limeira para disputar o Paulistão. Cuca era o treinador. As coisas, entretanto, não andavam bem: o início do time no Paulistão foi muito mal e logo nas primeiras rodadas dispensaram o Cuca e outros jogadores. Inclusive eu, que saí por questões técnicas... Imagina o nível que eu estava para ser dispensado por deficiência técnica! As minhas principais características eram técnicas, então, ter o contrato rescindido por esse motivo foi muito difícil para mim.

Formação do time Inter de Limeira

Mas, então, surgiu uma situação boa para recomeçar: recebi uma proposta do Náutico para disputar o Campeonato Pernambucano. Contrato de março a junho. Comecei bem, fiz boas partidas e me sentia importante para o grupo. Meu desempenho chamou a atenção do Atlético Mineiro e lá fui eu. Contrato com o CAM de junho a dezembro. Era a minha oportunidade de estar, de novo, em um time grande a fim de disputar o Campeonato Brasileiro.

Fábio Mello no Náutico

Nos tempos do Atlético Mineiro

O técnico era Carlos Alberto Parreira. Ele tinha sido meu técnico no São Paulo, quatro anos antes, e me conhecia muito bem. O capitão do time era o Gallo, Alexandre Gallo. E, como tínhamos jogado juntos no São Paulo, ele também validou a minha contratação.

> A VIDA DO ATLETA MUDA MUITO MAIS RÁPIDO DO QUE PENSAMOS, É PRECISO ESTAR SEMPRE PREPARADO. OS ALTOS E BAIXOS ACONTECEM O TEMPO INTEIRO. É NECESSÁRIO TER MENTALIDADE FORTE PARA ULTRAPASSAR E APRENDER COM ESSES MOMENTOS.

Um time gigante, com uma torcida absurdamente apaixonada.

Cheguei a Belo Horizonte em uma quarta-feira. Treinei no dia seguinte, fizemos um coletivo na sexta, em que arrebentei. Eu treinei demais. Fiz um coletivo do mais alto nível técnico. Quando acabou o treino, o Parreira me chamou e disse:

— Se eu precisar que comece jogando domingo, você está pronto? Você me passou muita confiança com o treino que fez.

Não deu outra, cheguei à palestra do pré-jogo e vi no quadro a escalação. Meu nome estava lá. Meio-campo com Gallo, Valdir, Cleisson e Fábio Mello; no ataque Guilherme e Valdir Bigode. A caminho do estádio, lembrava-me da dispensa da Inter de Limeira no início daquele mesmo ano, passava um filme na minha cabeça. Chegando próximo ao Mineirão, no entorno, era torcedor para todos os lados.

No vestiário, vimos a escalação do Flamengo: um timaço. Júlio César no gol; Juan na zaga; Petković, Edilson e Adriano no ataque. Mineirão praticamente lotado, com 80 mil pessoas no estádio. Foi um jogão, perdemos de 2 a 1. Joguei os 90 minutos.

É esse tipo de jogo, mesmo com derrota, que faz valer a pena. Você se sentir capaz, atuar no mais alto nível do futebol brasileiro, com os melhores jogadores do país em campo, é simplesmente inexplicável.

O Atlético, infelizmente, passava por problemas financeiros naquela época, então tiveram que promover algumas mudanças e não fiquei para a temporada seguinte. Mas aquele foi o *meu* ano; foi a materialização da frase: "O futebol é muito dinâmico". Comecei a temporada sendo dispensado pela Inter de Limeira, no meio do campeonato, por deficiência técnica, e terminei a temporada jogando na Série A, em um clube grande do futebol brasileiro. Por isso, eu digo para os jogadores que represento: a vida do atleta muda muito mais rápido do que pensamos, é preciso estar sempre preparado. Os altos e baixos acontecem o tempo inteiro. É necessário ter mentalidade forte para ultrapassar e aprender com esses momentos.

Sinto que aprendi. E sigo aprendendo.

17
MEUS TREINADORES, MEUS PROFESSORES

Tive a sorte de ser orientado por grandes pessoas e, consequentemente, grandes líderes. Sobre o Muricy já comentei em outros capítulos. Agora, falarei sobre Carlos Alberto Parreira, Telê Santana e o Vagner Mancini.

Quando o Parreira assumiu o São Paulo, em 1996, nos primeiros treinos, eu percebia que ele chamava todo mundo pelo nome. Menos eu. Sentia que não era por mal; toda mudança é difícil, muito atleta novo, e era o meu primeiro ano no profissional. Lembro-me de que, em uma brecha do calendário, o São Paulo foi disputar um torneio em Manaus (Santos, Flamengo, Grêmio e São Paulo) e eu não fui convocado para o primeiro jogo. Fiquei em São Paulo.

No primeiro confronto em Manaus, perdemos e já não tínhamos mais chances de sermos campeões. Os titulares, então, voltaram para São Paulo e aqueles que não tinham sido convocados anteriormente, como eu, foram para Manaus.

A disputa pelo terceiro lugar foi contra o Flamengo. E o Parreira me colocou faltando uns 25 minutos para acabar. Foi o suficiente para eu deixar uma boa impressão. Isso me credenciou para estar no banco de reservas no jogo seguinte, contra o Santos, pelo Campeonato Brasileiro. Naquela época, a ala esquerda do São Paulo era demais. Tinha Serginho na lateral, André Luiz no meio-campo e Denilson mais à frente. Só craques.

Denilson e André Luiz foram convocados pelo Zagallo para a Seleção, e o Parreira me escalou como substituto do André. Contra o Santos, no Morumbi, não comecei jogando, mas entrei no intervalo. O jogo estava 0 a 0. Terminou 2 a 1 para nós. Foi a minha estreia no Campeonato Brasileiro: um clássico, e no Morumbi, algo com que sempre sonhei. Sonhar vale a pena, porque, de vez em quando, a vida vai lá e realiza.

Isso me faz refletir sobre como, em determinados momentos, um jogador pode se sentir excluído, fora dos planos do treinador, como se não fosse reconhecido. Parreira não me chamava pelo nome, ele me cortou do campeonato em Manaus, depois me levou sem os titulares e aí, dias depois, eu estava jogando no Brasileiro. É isso: as oportunidades nem sempre surgem nos momentos esperados, às vezes são nos piores cenários que elas aparecem.

Esse fato traz uma lição importante que carrego para a minha vida e para a minha atuação como gestor: quando precisamos tomar decisões difíceis, o diferencial entre o sucesso e o fracasso está na percepção do assunto. Sempre temos diversas formas de olhar um mesmo fato. E é nessa hora que as minhas vivências como ex-atleta e como gestor se encontram e se completam. Como gestor, visualizo e considero todos os cenários; e a minha experiência como jogador – que tem um valor gigantesco – ajuda-me a compreender aquilo que não está dito; que está nos sentimentos e nas emoções dos envolvidos. Assim, sinto que as possibilidades de solução se ampliam.

Voltando aos treinadores, o que falar sobre o Telê Santana? O fato de eu ter subido para o elenco profissional a seu comando é um orgulho enorme. Lembro-me do perfeccionismo dele em cada treino, em cada lance, em cada finalização. E as suas cobranças eram direcionadas aos consagrados e aos garotos, sem distinção. Telê não fazia diferença: exigia excelência de todos.

Cada treino era uma oportunidade de evolução incrível, tanto pelo nível técnico dos jogadores, como pela forma como Telê, Muricy e os Professores Moracy Santana, Altair Ramos e Sérgio Rocha comandavam. O clube, afinal, vinha de conquistas importantes e eles não podiam deixar o grupo se acomodar. Eu aprendia sempre.

Lembro-me de um episódio engraçado (engraçado hoje, porque na hora não teve graça nenhuma). Foi um privilégio ter sido treinado pelo Telê, que tinha o comando, a disciplina e a ordem como principais pilares no seu estilo de liderança. Mas um dia, ingenuamente, cheguei para treinar com o cabelo descolorido. Meio amarelo, loiro... quando entrei no campo e o Telê me viu, pediu-me para sair do treino, voltar para o vestiário e só aparecer no CT depois que eu estivesse com o cabelo normal. Obedeci. Pedi desculpas e, ainda no mesmo dia, voltei aos treinos.

Artigo com Telê elogiando o Fábio

Faço questão de reforçar que, em todos os clubes pelos quais joguei, independentemente de ser titular ou reserva, sempre observei a conduta, o estilo de liderança e a comunicação dos meus treinadores. Os técnicos têm responsabilidades muito maiores do que dar treinos e comandar o time em dias de jogos. Eles ajudam a formar a personalidade e os valores das pessoas – tanto nas categorias de base, quanto no profissional. A forma de comandar ajuda diretamente na formação do ser humano. Acredito que essa minha observação ao longo da vivência como atleta me credenciou para poder gerenciar carreiras de treinadores também. Entender isso foi e é de extrema importância.

Acesse o depoimento do Caio Ribeiro.

EM TODOS OS CLUBES PELOS QUAIS JOGUEI [...] SEMPRE OBSERVEI A CONDUTA, O ESTILO DE LIDERANÇA E A COMUNICAÇÃO DOS MEUS TREINADORES. OS TÉCNICOS [...] AJUDAM A FORMAR A PERSONALIDADE E OS VALORES DAS PESSOAS – TANTO NAS CATEGORIAS DE BASE, QUANTO NO PROFISSIONAL. A FORMA DE COMANDAR AJUDA DIRETAMENTE NA FORMAÇÃO DO SER HUMANO. ACREDITO QUE ESSA MINHA OBSERVAÇÃO AO LONGO DA VIVÊNCIA COMO ATLETA ME CREDENCIOU PARA PODER GERENCIAR CARREIRAS DE TREINADORES TAMBÉM. ENTENDER ISSO FOI E É DE EXTREMA IMPORTÂNCIA.

Uma das grandes referências na indústria do futebol brasileiro da atuação *agente + treinador* é o meu trabalho e parceria longeva com o Vagner Mancini e sua comissão técnica. E isso me deixa muito feliz. Como já falei anteriormente neste livro, fui atleta do Mancini no Paulista de Jundiaí, em 2004, e sempre admirei sua lealdade, transparência e a forma como se comunicava com o grupo. Em 2007, o Mancini viu em mim a pessoa ideal para estar ao seu lado na gestão da sua carreira. Esses valores que eu enxergava nele lá atrás são preservados até hoje.

A coroação desta relação foi o convite feito pela CBF Academy para eu ministrar a disciplina Gestão de carreira de treinadores, para as turmas do curso de Formação de novos agentes.

Meus treinadores foram meus professores. E, graças ao que aprendi com eles, de certa forma também me tornei um professor.

Fábio e Carlos Alberto Parreira

18

PENDURANDO AS CHUTEIRAS E JOGANDO DE TERNO

Com uma bagagem construída nos meus anos como jogador de futebol, vivendo uma carreira com emoções e grandes conquistas nas categorias de base, além das experiências como atleta profissional, em diversas divisões, cheguei ao final do ano de 2005.

Eu estava com 30 anos, jovem ainda, mas tomei uma decisão importante na vida: seguir treinando pela manhã e à tarde e voltar a estudar à noite. A intenção era ganhar tempo, caso não aparecesse alguma proposta que valesse a pena. Na prática, aconteceu o seguinte: não recebi propostas boas e as que surgiram eu preferi não aceitar. Essa minha decisão marcou o início de um novo ciclo – o que me trouxe até aqui.

Embora o processo de encerramento da carreira de atleta tenha sido muito difícil, eu tinha consciência de algumas coisas:

1º – Ter jogado em diversas realidades do futebol me permitiu saber com clareza que tudo é possível em relação aos sonhos e objetivos de um atleta. E eu percebia que isso era um ativo enorme, "intangível".

Entendi que, se um atleta de um "grande clube" não performar todos os dias em alto nível, ele perderá espaço para alguém melhor preparado. Ao mesmo tempo, se um jogador atuar em "clubes menores" e tiver um plano de carreira muito bem definido, fazendo acompanhamentos de curto, médio e longo prazo, com clareza, verdade, enxergando a realidade, dando valor às conquistas diárias, não olhando apenas para o que falta, ele pode "chegar lá". Essa é a essência na prática da cultura da FMS, empresa que construí depois de ter pendurado as chuteiras.

> ENTENDI QUE, SE UM ATLETA DE UM "GRANDE CLUBE" NÃO PERFORMAR TODOS OS DIAS EM ALTO NÍVEL, ELE PERDERÁ ESPAÇO PARA ALGUÉM MELHOR PREPARADO. AO MESMO TEMPO, SE UM JOGADOR ATUAR EM "CLUBES MENORES" E TIVER UM PLANO DE CARREIRA MUITO BEM DEFINIDO, FAZENDO ACOMPANHAMENTOS DE CURTO, MÉDIO E LONGO PRAZO, COM CLAREZA, VERDADE, ENXERGANDO A REALIDADE, DANDO VALOR ÀS CONQUISTAS DIÁRIAS, NÃO OLHANDO APENAS PARA O QUE FALTA, ELE PODE "CHEGAR LÁ"

Na FMS nada é conquistado por acaso. Tudo é muito bem planejado. Cenários realistas, otimistas e, às vezes, até pessimistas, são analisados para, só então, executarmos uma ação, sempre com a convicção de que a decisão tomada naquele momento tenha sido segura. Essa forma de pensar e agir foi e continua sendo parte importante da nossa cultura organizacional.

Todo o meu investimento em formação e dedicação acadêmica após o encerramento da carreira como atleta possibilitaram-me adquirir os fundamentos e métodos necessários para desenvolver nosso estilo próprio, nosso modelo de gestão, nossa metodologia, que também é pautada em experiências e conhecimentos complementares. Dessa maneira, a FMS conquistou espaço na indústria do futebol.

Rankings das agências nos últimos anos. Fonte: Transfermarkt

Minha transição, só para reforçar, foi baseada na experiência de campo e acadêmica. Tenho muito orgulho disso. Nem todos os atletas ao encerrarem suas carreiras estão dispostos a investir seu tempo e dinheiro em estudos e conhecimento.

2º – Se eu parasse de jogar e me preparasse com antecedência, quando a minha geração começasse a encerrar a carreira, eu já estaria posicionado no mercado e poderia ser uma referência. Na prática, isso de fato aconteceu. Alguns anos depois, recebi diversos amigos e ídolos no meu escritório.

Fábio com Raí e Muller

3º – Eu percebia que minhas características técnicas não eram mais suficientes para atender às demandas dos treinadores e do futebol moderno, eles buscavam força e velocidade como principais fatores.

Com essa "análise de cenário", eu me matriculei no curso de Gestão do Esporte, um curso de dois anos que era reconhecido como Ensino Superior, uma grande oportunidade. Lembro-me de que na primeira turma estava o César Sampaio (ídolo de uma geração e atleta de Copa do Mundo) e, na segunda, apenas eu como ex-atleta.

A mensalidade era alta, pesada para mim, já que eu não tinha receita nenhuma naquele período. Então, qualquer desconto seria bem-vindo. Fui pedir uma bolsa ou algum tipo de ajuda para o idealizador do curso. Disse-me ele que se eu levasse outros amigos, ele me daria 10% a cada matrícula efetivada. Chamei o Caio Ribeiro e o Zetti. No fim, consegui um descontinho importante.

Fábio com os pais no dia da sua formatura

Na época, pude estabelecer amizades sólidas, como o Gildo, um amigo para vida e que foi fundamental no dia a dia e obrigações do curso.

Além dos estudos, comecei a viajar muito na época. Percebi em mim a vontade de retornar ao mundo do futebol, mas não como jogador. Eu me via mais na parte de gestão, almejando ser gerente ou executivo de um clube. Essa virada de chave se deu de maneira espontânea, o que nem sempre acontece com os jogadores quando encerram suas carreiras. Mais natural ainda foi o meu caminho para virar agente. E isso aconteceu em razão do projeto CEFAF.

PROJETO CEFAF

Embora eu já tenha citado esse Projeto no capítulo 14, vale a pena contar um pouco mais.

Nove meses após decidir encerrar minha carreira como atleta, criei o meu primeiro projeto. O primeiro da FMS Gestão Esportiva.

A proposta que levei ao então presidente do Esporte Clube Banespa, Carlos Emerenciano (o Carlão), era para estruturar, de forma competitiva, seu futebol de campo.

Conforme contei no capítulo 13, fui atleta de futsal do Banespa e vivi minha adolescência acompanhando de perto as grandes conquistas do clube em várias modalidades. Eu sabia que o futebol de campo não era o forte deles. Então, propus que trabalhássemos com jogadores das categorias Sub-17 e Sub-18. A formação, portanto, viria da base.

Assim, em setembro de 2006, lançamos o Projeto CEFAF – Centro de Excelência em Formação de Atletas de Futebol. Convidei o Zetti como padrinho do projeto e fizemos uma homenagem ao Rivellino como o maior atleta que já vestiu a camisa do clube. Outros grandes amigos estiveram presentes, além de uma cobertura importante de toda a imprensa.

Lançamento do projeto CEFAF.
Fábio Canova, Rivellino, Zetti, Fábio Mello e o presidente Carlos Emerenciano

"Nossa proposta é a de oferecer um tratamento global para os atletas, desde a criteriosa seleção dos jovens até a sua formação profissional para o futebol e para a vida como cidadão", eu declarei na época.[7]

Foi uma das minhas primeiras entrevistas como gestor, o suficiente para que as pessoas soubessem da minha nova atuação. Naquele momento, eu me tornava um empresário na área de negócios e projetos esportivos.

Desenvolver o CEFAF no Esporte Clube Banespa foi um momento inesquecível da minha vida. O time era liderado por grandes amigos e profissionais competentíssimos: Leandro Mehlich, como técnico; Diego Jeleilate, como preparador físico; Felipe, preparador de goleiros; Claudio Picazio, psicólogo; e o amigo de faculdade Marcelo Ribeiro (apelidado de *Da Lua*) era o coordenador. Todas essas pessoas seguem bem posicionadas em suas atividades.

Apesar de tanta gente boa, as coisas não eram fáceis. Muitas vezes íamos para os jogos de Kombi. Isso mesmo, eu pedia emprestada a Kombi de um funcionário do meu pai e eu mesmo dirigia, evitando, com isso, o custo do transporte. Espremia os jogadores dentro do veículo e partia para fazer amistosos contra o Paulista de Jundiaí, Santo André, e outros clubes e cidades.

Como eu já relatei no capítulo 14, foi desse projeto que saiu o primeiro atleta da FMS. Samuel Xavier, o "Samuka". Trajetória linda como atleta profissional e campeão da Libertadores 2023 pelo Fluminense.

Que história!

Assinatura do primeiro contrato profissional do Samuel Xavier com o Paulista de Jundiaí, ao lado dos pais dona Lair e Hugo

---

[7] Disponível em: https://www.uol.com.br/esporte/futebol/ultimas/2006/09/25/ult59u104875.jhtm.

Assim como o Samuka brilhou, outros tantos poderiam ter brilhado no futebol, mas os "caprichos da bola" acabaram conduzindo esses "meninos" para outros caminhos, dentro e fora do campo.

Imagina a minha emoção quando reencontrei estes "garotos", já como pais de família. Relembrar algumas histórias é emocionante: nosso título da categoria Sub-18, os amistosos com alguns clubes profissionais para chamar a atenção dos treinadores adversários e, posteriormente, ser convidado por eles para ficar no clube... Enfim, são muitas memórias que guardo com carinho.

Esses meninos, que hoje são grandes homens, permitiram-me fazer essa transição de carreira de atleta para empresário. Por causa deles, passei a jogar de terno.

DEPOIMENTO

Fabio Mello é parceiro, ético e solícito às pessoas. Ter se tornado uma referência não é acaso, tanto que, atualmente, ele é professor e ensina jovens talentos a seguirem no mercado em que atua.

Já vi algumas aulas dele, em que aborda os acertos e erros, as melhores estratégias e a ter bom senso e responsabilidade nas negociações; afinal, o jogador de futebol é uma pessoa, tem família, tem expectativas e merece toda a atenção. Conheci o Fábio como aluno e hoje ele transmite conhecimento. Uma história de sucesso! Tenho muito orgulho desse meu amigo!

GILDO – AMIGO DA FACULDADE

Acesse o depoimento completo.

19

UM AMOR (MUITO) MAIOR QUE O MINEIRÃO

Em 2006, uma viagem a Belo Horizonte mudou a minha vida. Esse foi o ano em que pedi a minha esposa, a fenômeno Paula, em casamento. Sim, ela é um fenômeno.

Nossa história começou quando eu ainda jogava no Atlético, seis anos antes. A Paula trabalhava na ADEMG – Administração dos Estádios de Minas Gerais. Nos dias de jogo, ela cuidava do atendimento aos clubes e da organização. E, se precisasse, ainda fazia a venda de ingressos na bilheteria. Linda daquele jeito, a fila dela era sempre a maior.

Eu a conheci no Mineirão. Namoramos à distância por muitos anos. Foi difícil, mas a instabilidade da minha carreira profissional não permitia garantir a segurança necessária para "tirá-la" de Belo Horizonte. Joguei no Galo em 2000 e, de 2001 até o final de 2005, joguei em diversos clubes e cidades.

Paula foi muito importante nessa reta final da minha carreira como atleta. Encorajava-me; acompanhava tudo de perto. Ela sempre gostou de futebol, que também é uma paixão do pai e irmão – cruzeirenses fanáticos.

Em 2006, quando parei de jogar, e com a vida um pouco mais estável, precisei ir a Belo Horizonte para acompanhar um jogo. Mesmo sem saber qual seria o meu novo caminho profissional – naquele momento eu era um ex-atleta que tinha acabado de voltar a estudar –, resolvi ousar e a pedi em casamento durante o jogo a que assistíamos juntos, no próprio Mineirão, lugar onde tudo começou, onde a vi pela primeira vez. Ela disse sim. Disse que estava pronta e que aceitava mudar comigo para São Paulo. Casamos em outubro daquele mesmo ano.

Essa é uma das maiores conquistas da minha vida. Paula é demais. Amiga das amigas, esposa parceira, mãe incrível. Quem a conhece se encanta. Mas precisa ter fôlego para acompanhá-la. Paula é acelerada. Vive intensamente para a família e para os outros. Do primeiro dia até hoje, ultrapassamos 20 anos juntos. Uma vida!

No ano seguinte, em 2007, nasceu a Giovana, nossa primeira filha. Certa vez ouvi de um amigo uma frase especial que diz que quando nasce um filho, a vida se transforma, os bons momentos acontecem, as portas se abrem, os sonhos e desejos se tornam realidade. Comentei isso com o Rafael, goleiro do São Paulo, assim que a Bruna, esposa dele, ficou grávida da Clarinha. Coincidência ou não, nesse mesmo ano do nascimento da Clarinha, o Rafa foi transferido para o São Paulo e virou protagonista de dois títulos inéditos para o clube.

Comigo e com a Paula não foi diferente. Com a chegada da Giovana, nossa vida mudou completamente. Ela nos deu a maior alegria do mundo, por termos nos tornado pais. E novos caminhos começaram a se abrir na minha vida profissional.

Já fazia dois anos que eu tinha parado de jogar, eram dois anos sem qualquer tipo de receita, nossa reserva financeira estava no fim. Considerávamos vender o apartamento onde morávamos para ganhar mais um fôlego financeiro, porque era o único ativo que tínhamos e a única alternativa para seguir apostando nos trabalhos e nas relações a que eu vinha me dedicando.

Giovana nasceu em outubro de 2007 e em 2008 eu era o empresário do melhor goleiro (Victor) e do melhor zagueiro (Réver) do Brasil. E se a Gigi "abriu as portas", o nascimento da Bia, em 2010, nossa segunda filha, foi a minha consolidação como empresário. Todos me conheciam como ex-atleta, mas também começaram a respeitar e entender melhor o posicionamento da FMS. A Bia chegou chegando.

Paula, Gigi e Bia, eu amo vocês!!!

*Acesse e assista
ao depoimento
da Paula.*

Foto 1:
Fábio e Paula no início do namoro
Fotos 2 e 3:
Fábio, Paula e as filhas Gigi e Bia

20
O JOGO FORA DE CAMPO

Nosso trabalho na FMS é sério; existe adequação nas indicações, equilíbrio nos contratos, posicionamento firme. Essencialmente, há respeito entre as partes. Isso traz um ponto que considero crucial, e que já comentei neste livro: a importância do agente no processo, mas de uma forma que o atleta seja o protagonista da relação.

Desde que deixei os campos para jogar de terno, ou seja, desde que me tornei agente, fui me aperfeiçoando e aprendendo ao longo do caminho. No começo foi difícil? Muuuito! Porém, eu decidi que, para esse novo momento da minha vida, eu precisava estar preparado e investiria em conhecimento. Tomei decisões arrojadas, mas que foram bem-sucedidas justamente porque estudei para fazer acontecer. Isso foi em 2006, 2007.

Apesar disso, ainda faltava uma coisa importante: dinheiro. Passei dois anos sem ganhar um centavo, sem ter qualquer tipo de remuneração e a reserva financeira que eu havia juntado na minha carreira como jogador foi diminuindo. Zero previsão de receitas. A única coisa que eu tinha como patrimônio era um apartamento em Moema, bairro na zona sul de São Paulo. Conforme contei no capítulo 19, eu e a minha esposa até cogitamos vendê-lo. Mas, no final de 2007, as coisas começaram a se movimentar. Houve a consolidação do projeto CEFAF – sobre o qual detalhei no capítulo 18 – e as transferências de Victor e Réver para o Grêmio. Essas operações foram a minha primeira incursão mais sólida no mundo empresarial. Foram o ponto de virada da minha nova carreira.

> PASSEI DOIS ANOS SEM GANHAR UM CENTAVO, SEM TER QUALQUER TIPO DE REMUNERAÇÃO E A RESERVA FINANCEIRA QUE EU HAVIA JUNTADO NA MINHA CARREIRA COMO JOGADOR FOI DIMINUINDO.

Os dois atletas saíram do Paulista de Jundiaí para o Grêmio em dezembro de 2007 (negociação concretizada em 2008). Antes da contratação, aconteceu uma operação rápida com o Réver para Abu Dhabi, em julho, mas em quatro meses ele retornou. No Grêmio, ambos se destacaram. Victor tornou-se o melhor goleiro e Réver o melhor zagueiro do Campeonato Brasileiro daquele ano. O sucesso deles no campo não só foi importante para suas carreiras, mas também para a minha própria posição no mercado. Uma chancela fundamental.

De 2008 até o momento em que escrevo este livro (2024), foram anos de uma jornada intensa, repleta de negociações de diferentes escalas. Victor e Réver foram meus primeiros atletas profissionais e Mancini meu primeiro treinador agenciado. E a nossa relação se mantém até hoje.

Essas são histórias das quais me orgulho muito. Estamos falando de pessoas com quem tenho relação desde 2004, lá no Paulista de Jundiaí. Joguei com Victor e Réver, fui treinado pelo Mancini. Ir de colega de elenco e comandado para empresário deles foi uma transição muito importante. Um gigantesco voto de confiança. E acho que esses anos de parceria mostram que fizemos as coisas corretamente. Eles se tornaram um grande ativo para mim, pois refletem uma das características do meu trabalho, que é gerir carreiras de ponta a ponta.

Fábio com Victor e Réver

Mas ninguém faz nada sozinho. E, nessa minha profissão, é fundamental nos cercarmos de pessoas que olham para o lado humano, além do esportivo. Outra pessoa importantíssima na minha trajetória fora dos gramados, e sobretudo nas carreiras de Réver e Victor, é Rodrigo Caetano, um dos principais executivos do futebol brasileiro, atual diretor de Seleções da CBF.

> UMA DAS LIÇÕES QUE APRENDI AO TROCAR O UNIFORME DOS CLUBES PELO TERNO? ENTENDER QUE OS CICLOS SE COMPLETAM PODE DEIXAR A VIDA MAIS TRANQUILA E PRAZEROSA. BASTA PLANEJÁ-LOS, E RESPEITÁ-LOS.

Rodrigo, ainda como executivo do Grêmio em 2008, foi quem contratou os dois. E, por ironia do destino, o mesmo Rodrigo Caetano, como executivo do Atlético Mineiro, foi quem orientou e ajudou Victor e Réver na transição quando encerraram suas carreiras como atletas. Victor como gerente-executivo, e Réver como auxiliar-técnico.

Rodrigo Caetano tem outro papel de destaque na minha formação como gestor. Ainda no início da minha transição e no meu processo de qualificação, por volta de 2006 ou 2007, assisti a uma palestra dele no Footcom sobre Gestão Esportiva – um evento famoso do futebol brasileiro, com palestras e apresentações de grandes profissionais que atuavam na indústria. Aquela apresentação do Rodrigo foi uma inspiração para mim.

Alguns bons anos depois, era eu quem recebia um convite para palestrar em um grande evento: Brasil Futebol Expo. Aceitei e liguei para o Rodrigo para contar. Esse convite foi apenas o início da minha caminhada como palestrante e, consequentemente, professor. No início deste livro, falo, entre outras coisas, sobre esse meu ramo de atuação unificado ao meu dia a dia como agente.

É curioso como as coisas se completam, ao menos para mim.

O jogo fora de campo me despertou o lado docente da profissão de agente. O jogo fora de campo me levou a lugares que eu sequer imaginava. Como gestor de carreiras esportivas, tive a oportunidade de frequentar ambientes que, como atleta, não consegui. Não joguei uma Copa do Mundo, mas estive presente em duas Copas como empresário: uma com o Victor, goleiro, em 2014 (quando ele foi convocado pelo Galo) e outra com o Fred (Manchester United), em 2018,

Matheus com Fábio

na Rússia. Não participei das Olimpíadas, mas estava ao lado do Matheus Henrique, ex-volante do Grêmio,[8] como campeão em Tóquio.

Uma das lições que aprendi ao trocar o uniforme dos clubes pelo terno? Entender que os ciclos se completam pode deixar a vida mais tranquila e prazerosa. Basta planejá-los, e respeitá-los.

---

[8] Atualmente (2024), Matheus joga na Itália.

DEPOIMENTOS

No Footcom, no Rio de 2006 ou 2007, ele me procurou após uma palestra que eu havia dado, querendo trocar uma ideia sobre o futuro da sua carreira. O Fábio queria seguir o caminho de executivo de futebol. A partir dali, nossa relação ficou cada vez mais próxima. Hoje, eu posso dizer que é um dos grandes amigos que o futebol me proporcionou. Conheço demais ele e a família.

Mas o que eu gostaria de frisar e destacar realmente é que, em todas as negociações em que nós dois estávamos envolvidos, ele sempre teve uma conduta ética. Espetacular. Nunca misturou a questão da nossa relação pessoal. E em um projeto esportivo, sempre entendeu muito bem a posição de todos: o que o agente poderia solicitar, o que o atleta poderia sugerir e também o lado do clube. Acho, inclusive, que a capacidade de ter esse entendimento de todos os lados, de compreender a importância de cada envolvido – clube, atleta, dirigente, técnico – é o grande mérito do Fábio. Justamente por ele ter sido atleta, consegue ter essa clareza na questão esportiva, na questão do projeto, no lado financeiro, sempre defendendo os interesses do atleta. Ele transmite muita credibilidade no negócio.

Como eu disse, fico honrado pela oportunidade de poder relatar o que o Fábio realmente é. Vida longa ao Fábio! Uma grande figura humana.

RODRIGO CAETANO – ATUAL DIRETOR DE SELEÇÕES DA CBF

O Fábio foi praticamente o meu primeiro e único empresário em toda a minha carreira. Nós tivemos contato no término da carreira dele pelo Paulista. Ali, nos conhecemos e acabamos seguindo juntos nessa trajetória do futebol. A partir daquele momento, passei a ter confiança e, com o passar do tempo, construímos esse laço de amizade, para além do lado profissional.

Fui um dos primeiros atletas que ele representou. O Fábio fez a minha primeira transferência. Se não me engano, foi a primeira dele também, já atuando nesse ramo. Uma experiência nova para mim e para ele. De lá para cá, tivemos outras tantas negociações. Eu depositei toda a minha confiança no trabalho dele e acredito que ele fez o mesmo.

Fico muito feliz de tê-lo como meu empresário ao longo da minha carreira inteira. A prova disso é que convidei ele para ser padrinho do meu casamento. Não teria pessoa mais próxima, porque a gente tem uma amizade muito verdadeira. Isso demonstra o carinho e a confiança de ambas as partes. A minha vida familiar tem a presença do Fábio.

Foram 20 anos de carreira, 20 anos em que ele se fez presente.

O que mais me chamou a atenção no Fábio, desde o início, foi o caráter dele. Afinal, o meio do futebol é muito complicado, né? Então, quando a gente trabalha com alguém que trata a verdade como prioridade, tem que valorizar.

RÉVER — EX-JOGADOR

Réver e Fábio

21
A METAMORFOSE DAS RELAÇÕES

No capítulo anterior, comentei sobre a mudança de papel na minha relação com Victor, Réver e Mancini. Reforço que a transição de colega de elenco para empresário deles foi, sem dúvida, uma sorte que tive ao longo da vida.

Nessa minha jornada, ressignifiquei muitas relações. Colegas viraram atletas representados. Colegas viraram treinadores. Treinadores viraram amigos. Amigos viraram sócios. Ídolos viraram amigos.

São tantas pessoas importantes! Sinceramente, não há como citar todas.

Por exemplo, o Guilherme (ou Faísca, como é chamado) que tem uma conduta profissional e pessoal admirável, é idolatrado, unanimidade entre os amigos.

E o Zetti, então? Zetti, o ídolo máximo. Sempre foi. Sempre será uma grande referência de ídolo e parceiro de concentração no São Paulo, em 1996.

Em 2007, criamos e lançamos uma academia de goleiros: a Fechando o Gol. A maior academia de goleiros do Brasil. Qualidade nos treinamentos, metodologia própria, desenvolvida por Zetti, e com a coordenação do Felipe Rodrigues, além do Pedro e do Edi que lideram uma equipe de profissionais de alto nível. Quem acreditou no projeto, viabilizou e transformou o sonho da Fechando o Gol se tornar realidade foi o também sócio da empresa, Guilherme Setúbal – que me honrou ao escrever a apresentação deste livro.

Guilherme, Zetti e Fábio

A Fechando o Gol contribuiu muito na formação de diversos alunos que se transformaram em atletas. O Matheus Donelli, por exemplo, foi um dos nossos primeiros alunos. Chegou à academia com 7 anos, passou pelas categorias de base do Corinthians e foi o goleiro do Brasil nos últimos Jogos Pan-Americanos, em Santigao, no Chile. Matheus também foi campeão Mundial Sub-17 pela Seleção Brasileira, em 2019, já atuou pelo Corinthians em jogos profissionais e segue firme na sua carreira. É um sentimento bom ver histórias assim tão de perto. E ao lado de um cara tão especial como o Zetti. Especial, sim. Posso falar isso com propriedade, porque também fui atleta dele.

Você, caro leitor, talvez se lembre: Paulistão, 2004, final entre Paulista de Jundiaí e São Caetano. Técnico do São Caetano: Muricy. Técnico do Paulista de Jundiaí: Zetti. Dois pesos pesados da minha história. E eu estava lá. Era um time de jovens, e ele me convidou para ser um dos líderes do elenco. Nosso grupo tinha o goleiro Márcio (que atualmente é preparador de goleiros dos profissionais do São Paulo, ou seja, ele prepara o Rafael, nosso atleta da FMS); zagueiros Danilo e Asprilla; volantes Amaral e Cristian; o meia Márcio Mossoró;

atacantes Davi e João Paulo... O clube, naquela época, apresentava um projeto sólido, por isso aceitei treinar lá por um tempo. Depois de alguns treinos, fui escalado.

> **NESSA MINHA JORNADA, RESSIGNIFIQUEI MUITAS RELAÇÕES. COLEGAS VIRARAM ATLETAS REPRESENTADOS. COLEGAS VIRARAM TREINADORES. TREINADORES VIRARAM AMIGOS. AMIGOS VIRARAM SÓCIOS. ÍDOLOS VIRARAM AMIGOS.**

Zetti e Fábio no Paulista de Jundiaí

Time do Paulista de Jundiaí

Aquele campeonato foi inesquecível! Nas semifinais, enfrentamos o Palmeiras, e o São Caetano pegou o Santos. Todo mundo cravava que a final seria Palmeiras e Santos. Não esperavam que estivéssemos na disputa. Empatamos o primeiro jogo e, no segundo, estávamos ganhando por 3 a 1, quando, nos últimos minutos, sofremos dois gols, sendo um de falta. O placar ficou 3 a 3. Golaço do Pedrinho, hoje presidente do Vasco. Fomos para os pênaltis e eu, com 28 anos naquela época, e um dos líderes do time, achei importante chamar a responsabilidade. Levantei a mão e disse:

— Zetti, eu posso bater o primeiro pênalti.

— Não, você espera! – ele respondeu, sério.

Nunca tinha visto isso. Ele tirou a minha confiança. O mais importante, contudo, foi que ganhamos. O Zetti, depois, justificou-se dizendo que outros atletas tinham tido melhor aproveitamento nos treinos e era importante priorizá-los. Enfim, deu certo, mas nós dois rimos desse episódio até hoje.

O Silas, ex-jogador do São Paulo e de outros grandes clubes, é outro para ser lembrado sempre. Convocado para duas Copas do Mundo, em 1986 e 1990. Ídolo no Brasil, Portugal, Itália e Argentina. Quando eu era moleque, aos oito anos, entrei de mascote e de mãos dadas com ele em um jogo do São Paulo. E, mais tarde, fomos companheiros e parceiros no meio-campo do São Paulo. Quando comentei que já havia entrado em campo como mascote com ele, Silas me pediu para não comentar com ninguém, porque eu entregaria a sua idade! Sempre dou risada disso.

E o Raí? Como são-paulino, vi "O CARA" se tornar um dos maiores ídolos do clube. Depois, quando ele voltou ao São Paulo, em 1998, viramos colegas de elenco, depois amigos. Ele segue sendo meu eterno ídolo, e uma pessoa muito importante para mim.

As relações, essas e outras, são muito bonitas. Eu teria diversos exemplos para contar. Mas vou parar por aqui, porque quem está entregando a idade agora sou eu.

Vice-campeão Paulista, em 2004, pelo Paulista de Jundiaí

DEPOIMENTO

Fábio subiu da base com toda aquela turma do Expressinho do São Paulo. Um moleque canhoto, cheio de técnica, típico camisa 10. Era inteligente, com vontade de vencer, e fazia questão de se destacar, chamando a atenção de todo mundo.

Eu sempre fui aquele cara que se aproximava dos mais novos, dava uns conselhos, tentava não deixar os meninos se perderem. E Fábio foi um dos que acolhemos no grupo do São Paulo, apesar da diferença de idade na época.

O tempo passou, e lá estava o Fábio, de novo, na minha trajetória. Ele, ainda como jogador, e eu como técnico no Paulista. Ele tinha amadurecido, virou um líder, experiente, sempre ajudando os companheiros. Ele ainda tinha o mesmo brilho nos olhos.

Lembro-me de uns jogos complicados em que o Fábio entrava em campo, estrategicamente segurando a bola nos momentos certos, brilhando nas bolas paradas. Conquistamos vitórias importantes, como aquele 4 a 0 contra o Santos e a virada contra a Ponte. Aí, veio o Palmeiras em Araras... Antes dos jogos contra o Palmeiras, treinamos pênaltis e o Fábio, mesmo sendo um mestre da técnica, não teve um bom aproveitamento nas cobranças. Naquela final, na hora dos pênaltis, ele pediu para bater. Era experiente e queria chamar a responsabilidade. Eu falei: "Espera aí, se for para as cobranças alternadas você bate, mas calma". A gente ri lembrando disso.

Depois que encerrou a carreira de atleta, a sacada do Fábio foi estudar o mercado, aperfeiçoar-se, direcionando a carreira para a gestão esportiva. Voltamos a nos encontrar novamente no curso de Gestão de Esporte, na Faculdade São Marcos. Durante o curso, trocamos ideias e experiências. Fábio já estava trilhando o caminho profissional, focando na gestão de carreiras.

Ele me chamou para ser padrinho do projeto do CEFAF que ele estava desenvolvendo no Banespa e, um dia, visitando a estrutura do clube, vi que existia um espaço onde daria para treinar goleiros. Comentei isso com ele. Passou o tempo... Eu estava treinando o Paraná e, de repente, o Fábio apareceu em Curitiba, com o

Guilherme, querendo usar o espaço do clube para treinar goleiros – como eu tinha comentado. Foi daí que surgiu a Fechando o Gol. Aí, o negócio começou a crescer, com 10, 80 goleiros lá com a gente. Acabamos nos tornando sócios da empresa e nossa amizade só se fortaleceu.

Lealdade é uma palavra que define o Fábio para mim. Ele é um cara leal, comprometido e visionário. Tem uma visão estratégica do mercado, faz as coisas com paixão e muito conhecimento. Porque ele estuda muito e se comunica muito bem. Além disso, é muito família, sempre envolvido e atencioso com as pessoas ao seu redor.

Fico extremamente feliz com a relação de amizade que construímos ao longo de todo esse tempo.

ZETTI – ÍDOLO E AMIGO

22
O PIOR TROFÉU DO MUNDO

Duas das coisas mais difíceis para mim são a deslealdade e a injustiça. Isso me tira do sério.

Um dos dias mais duros que tive como representante de um atleta foi no episódio com o Sidão, goleiro que foi do Botafogo e do São Paulo, mas que, na ocasião, atuava pelo Vasco.

Era um jogo que estava sendo transmitido ao vivo, no domingo à tarde, com milhões de pessoas assistindo. Sidão não fez uma boa partida, falhou em um lance decisivo e o Vasco perdeu. Acabou o jogo e aconteceu a entrega do troféu de Melhor Jogador da Partida. Quem a audiência escolheu, na sacanagem? O Sidão! Foi um absurdo. Uma falta de respeito generalizada com o atleta, com a instituição, com os torcedores, os telespectadores que, de alguma forma, levaram aquilo à sério. Foi uma injustiça!

A cena constrangedora e desrespeitosa da repórter entregando, sem graça, o troféu para o Sidão, mostrou que ela também estava desconfortável. Naquele momento, praticamente, "acabou" a carreira do Sidão. O episódio colocou um carimbo em cima dele.

No dia seguinte ao recebimento desse troféu, peguei o voo logo cedo, de São Paulo para o Rio de Janeiro, e fui me encontrar com o meu atleta e amigo, ver como ele se sentia e como gostaria de agir. Outras pessoas se preocuparam com o Sidão, claro. O Luiz Roberto e o Roger Flores, que estavam na transmissão da Globo, ligaram para ele pedindo desculpas. Nessa mesma segunda-feira, a abertura do programa *Bem Amigos* foi pedindo desculpas pelo ocorrido. Todavia, apesar de a emissora e de as pessoas reconhecerem a deslealdade e a injustiça, o episódio acabou sendo ainda mais potencializado. O assunto ganhou uma proporção absurda. Fato é que o Sidão nunca mais conseguiu, sequencialmente, ter oportunidade de performar em alto nível.

A vida do Sidão foi muito sofrida, um exemplo admirável de superação. A trajetória de quase toda sua carreira foi jogar em clubes menores e, por mérito, após excelente campanha disputando o Campeonato Paulista pelo Audax, com mais de 30 anos de idade, ele foi reconhecido e contratado pelo Botafogo. Mais tarde, foi indicado pelo Rogério Ceni para ser atleta pelo São Paulo, por onde jogou alguns anos e, depois, foi para o Vasco. Por excesso de exposição de uma falha e pelo desprestígio em rede nacional, Sidão, um cara que ganhou destaque tardiamente na carreira, acabou voltando para divisões menores. Isso não está certo. Foi tão injusto!

Raí, Sidão e Fábio em renovação de contrato com o São Paulo

Esse é um assunto marcante para mim e, com certeza, para a família do Sidão. Após alguns anos, ele ganhou a ação contra a Globo por danos morais, mas isso não teve propagação. Só nos serviu como conforto.

Esse episódio mostra como o nosso papel como empresário também está pautado em acolher, apoiar e blindar o jogador da melhor forma possível. Mas o futebol e as pessoas, quando querem, conseguem ser cruéis e, por essa razão, às vezes, não há nada que possamos fazer. O apelo popular fortalece e impede algumas decisões. Não poder agir nos machuca demais.

> NOSSO PAPEL COMO EMPRESÁRIO TAMBÉM ESTÁ PAUTADO EM ACOLHER, APOIAR E BLINDAR O JOGADOR DA MELHOR FORMA POSSÍVEL. MAS O FUTEBOL E AS PESSOAS, QUANDO QUEREM, CONSEGUEM SER CRUÉIS E, POR ESSA RAZÃO, ÀS VEZES, NÃO HÁ NADA QUE POSSAMOS FAZER. O APELO POPULAR FORTALECE E IMPEDE ALGUMAS DECISÕES. NÃO PODER AGIR NOS MACHUCA DEMAIS.

Então, qual é o limite de ação do agente? O papel do agente é encontrar a melhor oportunidade para os jogadores que representa. E mais que isso. Usando-me como exemplo, o papel do agente, se possível, é ter a vivência de ser campeão de várias divisões. Perder vários títulos. Alguns gols. Ter tido a experiência de jogar com a bola de futebol e a bola pesada do futsal. É saber de todas as barras. Os berros da arquibancada. Os barros do caminho. As birras até dentro de casa.

Ser agente não é só um jogo de palavras. É o jogo da vida.

23
A COROAÇÃO DE UMA CARREIRA

Falei do Rafael, goleiro do São Paulo, algumas vezes no decorrer deste livro, assim como falei do Victor e outros atletas que represento. Todos, sem exceção, são importantíssimos. Mas se eu fosse contar sobre a carreira de cada um, precisaria de um outro livro. Enfim...

Sobre o Rafael fui um pouco mais específico no capítulo 3. Mas volto a ele porque esmiuçar a sua trajetória ao lado da FMS é mais um ótimo exemplo de como as coisas acontecem nessa parceria agente-atleta.

A minha relação com o Rafa começou em 2012. Ele tinha 23 anos. Na época, atuava no Cruzeiro e fazia parte do elenco dos jogadores profissionais desde 2008. Ele era um segundo goleiro com *status* de primeiro.

A primeira vez que nos encontramos foi fora do clube, em uma padaria de Belo Horizonte. Estávamos eu, o Rafa e a família dele. Eu representava o Victor, goleiro do Atlético, que se destacava muito no clube rival. De certa forma, isso me credenciava, era um cartão de visitas. Naquele momento, porém, o Rafael havia conversado com outros empresários além de mim e optou por um outro. Um profissional mais experiente e mais bem posicionado do que eu, confesso. Ele trabalhou de 2012 a 2017 com esse empresário.

Nesse período, fiz conexões em Belo Horizonte, abri um escritório na cidade. Comecei a criar cada vez mais identificação com os clubes da capital mineira por participar de perto de momentos importantes com o Victor e o Réver, que se tornaram protagonistas com a conquista da Copa Libertadores pelo Atlético Mineiro e, também, com o Mayke, que cresceu no Cruzeiro e se tornou bicampeão Brasileiro pelo clube. Com isso, passei a ter uma presença forte em Belo Horizonte, consolidando o meu nome como um importante agente.

Passaram-se os anos e, em 2017, o Rafael me ligou. Contou-me que tinha encerrado o vínculo com seu empresário, também me disse que estava renovando o contrato com o Cruzeiro de uma forma direta, ele e o pai, e que depois dessa renovação gostaria, se eu tivesse interesse, de alinhar as ideias e os projetos. Enfim, o Rafa queria trabalhar comigo. Acho que foi no momento certo. Os negócios – especialmente neste ramo – são assim: acontecem depois de um ciclo de conversas, de relacionamento, amadurecimento. E isso pode levar dias, meses ou anos, como nesse caso.

Firmamos acordo em um cenário muito promissor. Ele estava com o contrato renovado, o Cruzeiro alinhando um plano de médio a longo prazo para a sua carreira, pois a tendência era que o goleiro Fábio (titular e ídolo do clube), em um futuro não tão distante, encerraria o seu ciclo, evidenciando ainda mais a importância do Rafael dentro do grupo. Porém, o esperado encerramento do contrato do Fábio, na prática, não aconteceu.

Foi assim: em 2020, o clube disse ao Rafael, à família dele e a mim que não iria renovar com o Fábio e que ele, Rafa, seria o goleiro número um. Na semana seguinte, contudo, o Cruzeiro anunciou, em um momento de transição de diretoria, a extensão do contrato do Fábio. Com isso, em uma decisão muito difícil e corajosa, fomos à justiça e rompemos o vínculo com o clube. Nosso advogado, Dr. João Henrique Chiminazzo fez um trabalho com maestria e chegamos a um acordo com o Cruzeiro. O Rafael, enfim, estava livre.

Foi um momento arriscado, mas o clube, além de não assumir o plano proposto ao atleta, também não vinha honrando com os pagamentos dos salários. Assunto difícil. Condução difícil. Estava em jogo uma história de mais de 15 anos. O Rafael, como eu disse, estava no profissional desde 2008, mas chegara ao Cruzeiro com 12 anos de idade. Era, portanto, fundamental para alavancar o seu sucesso e promover o seu protagonismo na carreira que ele ficasse livre de vínculos com o clube, para que, enfim, pudéssemos negociar diretamente com outros importantes times do Brasil. Praticamente todos os treinadores e diretores executivos que trabalharam com o Rafa no Cruzeiro, quando assumiam outros grandes clubes, ligavam-me tentando a sua contratação.

Entre as nossas opções havia ótimos clubes, entre eles o Grêmio e o Atlético Mineiro. E mesmo o Rafael sendo do rival, sua aceitação no Atlético era enorme. Então, fizemos um movimento para o Atlético, acreditando no protagonismo que imaginávamos. Assinamos um contrato de três anos. Em cinco meses de clube, ele foi campeão Mineiro, melhor goleiro do campeonato, e chegou até a sexta rodada do Campeonato Brasileiro como titular, até que o técnico Jorge Sampaoli, que havia chegado ao Galo pouco depois do Rafael, preferiu contratar outro goleiro para ser titular. O Rafa voltou para o banco de reservas.

Confesso que foi uma frustração grande, pois a saída dele da equipe titular foi uma decisão exclusivamente da comissão técnica. Rafa vinha performando em alto nível. Aquele projeto do Atlético Mineiro, que foi extremamente vencedor em 2021, que levou o Everson (goleiro que passou a ser titular) para a Seleção Brasileira, era para ter sido o projeto do Rafael. Na nossa visão, na construção do nosso plano, na tomada de decisão, com ousadia e coragem de romper o vínculo com o Cruzeiro e escolher o Atlético, o projeto era do Rafa. Mas, como diz o poema: *no meio do caminho havia uma pedra*. Havia o Sampaoli.

A partir do momento em que o Rafa deixou de ser o protagonista no Atlético, comecei nova busca que o colocasse na posição de destaque que ele merecia. Fizemos novamente uma aproximação com o Grêmio, que tentou a contratação. E para nossa surpresa, mesmo o Rafael não sendo o goleiro titular, o diretor do Atlético me chamou e propôs a renovação dele por mais três anos, até o final de 2025. Foi um gesto de reconhecimento do seu potencial e de importância para o clube.

Acontece que o Rui Costa, que havia sido diretor-executivo do Atlético Mineiro, responsável direto pela contratação do Rafa no clube, assumiu como diretor-executivo de futebol do São Paulo e identificou a necessidade de contratação de um goleiro. Mais especificamente, o Rafa.

> COMO SEMPRE DIGO, PRECISAMOS TRABALHAR E FAZER POR MERECER. A LEI DO MERECIMENTO NÃO FALHA. PODE DEMORAR UM POUCO, MAS AS COISAS QUANDO TÊM QUE ACONTECER, ACONTECEM.

Rui, eu e Muricy (coordenador de futebol do clube) tínhamos a convicção de que o São Paulo precisava do estilo profissional do Rafael. Personalidade vencedora, atleta exemplar, ele seria uma referência para os meninos e até para os consagrados, pois, mesmo não sendo protagonista em alguns títulos do Cruzeiro, é o jogador que mais títulos conquistou no Brasil. Conquistas pelo Cruzeiro, Atlético Mineiro e São Paulo.

Quando o Atlético Mineiro apresentou o valor e abriu negociação com o São Paulo, minha missão era não deixar essa operação escapar. Tinha que dar certo. Eu estava muito convicto de que era a hora certa, para o atleta certo, no clube certo. Para dar ainda mais segurança à condução desse negócio, eu estava tratando com dois grandes executivos do futebol brasileiro. Pelo Atlético, Rodrigo Caetano, que atualmente (2024) é o diretor-executivo da CBF e Rui Costa, pelo lado do São Paulo. Quando temos profissionais deste nível, pessoas sérias e competentes, o trabalho do agente é valorizado e facilitado.

Conforme já contei um pouco no capítulo 3, na mesa com Muricy, o vice-presidente de futebol Carlos Belmonte, o presidente Julio Casares e Rui Costa, fechamos o negócio. O Rogério Ceni, que era o técnico do São Paulo na época, mesmo aprovando o nome do Rafael, chegou a questionar a diretoria sobre o montante investido, dizendo que o valor teria que ser priorizado para um jogador de outra posição. A diretoria, unida, manteve a convicção da contratação, e o Rafa se tornou um jogador importantíssimo, valendo cada centavo.

Acesse e assista ao depoimento do Julio Casares.

Seu contrato com o São Paulo vai até 2025. No primeiro ano, ele foi campeão da Copa do Brasil, e no segundo, campeão da Supercopa do Brasil, com protagonismo, liderança e sendo extremamente decisivo ao defender duas cobranças de pênaltis na final. Foram dois títulos inéditos para a história do clube. Rafa, em um ano, entrou para a galeria dos grandes campeões do São Paulo Futebol Clube.

Como prêmio e coroação de um plano, apoiado por uma diretoria que tem muita convicção do que está fazendo, resgatando as tradições e as vitórias para o São Paulo, o Rafael foi convocado para a Seleção Brasileira. O "Plano Seleção Brasileira" que identificamos naquele 2020, quando foi decidida a corajosa saída do Cruzeiro, foi alcançado.

Como sempre digo, precisamos trabalhar e fazer por merecer. A Lei do Merecimento não falha. Pode demorar um pouco, mas as coisas quando têm que acontecer, acontecem. E acreditem, essa convocação aconteceu no mesmo dia em que gravamos os depoimentos para este livro. Parece que tudo foi meio que orquestrado.

Cheguei ao Centro de Treinamento para gravação dos depoimentos às 12h30 e a convocação seria às 13h.

Rafael, campeão da Supercopa, e Fábio

Estávamos na expectativa, tínhamos sinais e comentários da imprensa de que o Rafa poderia ser convocado. Eu o convidei para assistirmos juntos à convocação na capela que tem dentro do CT do São Paulo. O Dorival Júnior, técnico da Seleção Brasileira, começou a revelar a lista dos convocados, que é sempre feita por posição e ordem alfabética. "Goleiros: Bento (Athletico Paranaense), Ederson (Manchester City)"... Nesse momento, em frações de segundos, lembrei-me de que os nomes dos principais concorrentes do Rafael estavam no páreo e só restava uma vaga. A ordem alfabética ainda permitia a convocação de Everson, Léo Jardim, Weverton – que também eram nomes importantes – ou ...

... do Rafael!

Que dia especial! Ouvir a convocação ao lado do Rafael, dentro da capela, acompanhado por pessoas extremamente importantes e significativas na minha vida, foi demais. E quis o destino que a data da nossa reunião para a gravação dos depoimentos acontecesse exatamente no dia da convocação dele. Que capricho da vida!

O Rafael ser convocado para a Seleção Brasileira (com três anos de atraso) foi a chancela de que o caminho trilhado foi o melhor. Esse momento tão especial foi a coroação de uma carreira.

Acesse e assista ao Rafael e Muricy comentando o assunto.

Isso nos deixa feliz e nos motiva cada vez mais.

DEPOIMENTO

Conheço o Fábio Mello desde a época em que ele jogava na base do São Paulo. Eu sempre o vi como um jogador diferenciado, com muita qualidade técnica, personalidade e inteligência. E logo começou a ser promovido.

Lembro-me de que, na época do professor Parreira, eu me aproximei muito do São Paulo. Eu era torcedor, mas já ajudava o clube como diretor adjunto de marketing. Mais tarde, virei diretor de marketing, vice-presidente de marketing, vice-presidente da instituição como um todo; duas vezes conselheiro eleito, depois vitalício.

Essa trajetória me levou à presidência, momento em que pude conviver com o Fábio Mello jogador, empresário, agente. E percebi a mesma inteligência e versatilidade em todas as fases dele. Acho que o Fábio não só alia a juventude como é um cara de vanguarda na área do esporte. Ele tem que ser o exemplo, tem que formar mais pessoas com esse perfil diferenciado.

Recordo-me de um episódio muito interessante. Eu era executivo do SBT. Íamos comemorar o aniversário do Igor Stoliar, filho do Guilherme Stoliar. Hoje, o Igor é um rapaz maduro, mas, na ocasião, completaria 4 ou 5 anos, não sei bem, sei que era muito menino. Iríamos promover um churrasco, lá no SBT mesmo. Como o Igor era, e ainda é, um palmeirense fanático, ia ter jogo de futebol e a presença de pessoas ligadas ao esporte.

Para esse jogo, nessa festa, tanto o Guilherme Stoliar quanto a Ivani Pássaro, mãe do Igor, me pediram para tentar levar alguém do futebol, alguém do São Paulo (porque eu era executivo do clube). Como o Igor era palmeirense, eu conversei com o Viola, que jogava no Palmeiras, e ele foi. E do São Paulo nós levamos o Fábio Mello.

Foi uma grande felicidade, porque o Fábio, ainda começando a despontar, já demonstrou seu espírito de colaboração. Conheci a família dele naquele evento. Notei o cidadão singular que ele era; que compareceu a um evento de um amigo e mostrou a grandeza do São Paulo, juntamente com o Viola naquele momento. Isso a gente não esquece. Perdura.

Sobre o Fábio empresário, quero ressaltar que um agente de futebol vai além de apenas negociar jogador. Ser agente é administrar carreiras, ter atletas com muita qualificação. Ele é agente de vários jogadores importantes, incluindo o Rafael, nosso goleiro. O Rafael chegou ao São Paulo com a difícil missão de ter que lidar com a sombra, merecida, do mito Rogério Ceni e, também, com a do Zetti. E o Rafael, aos poucos, com muita personalidade e preparo, desenvolveu um trabalho extremamente sério no São Paulo, tornando-se campeão da Copa do Brasil; depois, na Supercopa, quando pegou aqueles pênaltis maravilhosos. Performou tão bem com a liderança que tem que chegou à Seleção Brasileira.

Então, agora, o Fábio Mello tem não só um caminho a ser continuado; mais do que isso, ele tem que formar, transformar e, principalmente, preparar pessoas. Sejam elas um atleta, um dirigente ou alguém que queira entrar nesse segmento.

O Fábio é um cara preparado, a quem eu tenho muito prazer de dar o meu depoimento, de registrar a minha manifestação, tal como já fiz por áudio e vídeo, porque ele merece. É um grande cara, um grande cidadão.

JULIO CASARES — PRESIDENTE DO SÃO PAULO

24
DISCIPLINA, COERÊNCIA E REPUTAÇÃO

Iniciei, de fato, a minha rotina como atleta no período dos 12 aos 17 anos. Eram finais de semana com jogos aos sábados e domingos, de manhã e à tarde. Quatro jogos por final de semana – campo e futsal. Ali, eu começava a entender como seria minha vida pelos próximos anos.

Foi uma etapa de desenvolvimento, de formação, de muita competição e disciplina. Incontáveis vitórias, várias derrotas, poucas festas e bebida nunca. Uma adolescência diferente da esmagadora maioria dos meus amigos. Foi um período de poucos prazeres, com muita cobrança e foco nos objetivos.

Eu queria ser jogador. E o combinado com os meus pais era o seguinte: "Se quer jogar, que seja de maneira séria, profissional, e que faça o melhor", pontuavam eles.

Hoje, vendo em retrospectiva, eu lhes agradeço muito. Percebo que herdei essa seriedade na minha atuação como empresário. Profissionalismo, comprometimento, respeito e organização são características que carrego comigo.[9] Em alguns momentos, posso até exagerar nos atributos. Um exemplo? Vamos lá.

Acredito seriamente que respeito e cuidado nunca são demais. Ainda bem que sou assim! Certa vez, em uma das minhas viagens a trabalho para Belo Horizonte, cheguei cedo ao aeroporto de Confins e, de lá, fui direto para a "Toca 2", para me reunir com a diretoria do Cruzeiro. Viajei de calça e blazer azuis, camisa branca (alinhado com as cores do Clube). Na hora de assinar o documento resultante do negócio que firmamos, utilizei uma caneta azul, claro!

---

[9] Esses também são pilares evidentes da FMS.

> ESSE RESPEITO E COERÊNCIA FORMAM A MINHA MARCA. E ISSO TEM PESO; CONSTRÓI REPUTAÇÃO. E REPUTAÇÃO É UMA COISA VALIOSÍSSIMA. SE OS RELACIONAMENTOS SÃO DESRESPEITOSOS E AS CONDUTAS DESCUIDADAS, O RESULTADO SERÁ NEGATIVO.

Eu tinha outra reunião marcada com a diretora do Atlético Mineiro no dia seguinte, mas o clube sugeriu a antecipação para aquela tarde, e eu concordei. Como, ao chegar a Belo Horizonte, fui direto para a reunião com o Cruzeiro, não tive tempo de fazer *check-in* no hotel. Minha mala, portanto, ainda estava no carro. E essa foi a minha sorte. A sede do Atlético fica ao lado de um *shopping*. Não tive dúvidas: parei no estacionamento, abri o porta-malas do carro, peguei minha calça e blazer pretos da mala e me troquei no carro. De repente, estava super alinhado com as cores do Atlético! Porém, quase chegando à sede para reunião, lembrei-me de um detalhe: havia esquecido de pegar a caneta com tinta preta! Não se assina documento na sede do Atlético com caneta azul. Então, voltei para o carro, troquei de caneta e, finalmente, estava pronto!

Esse respeito e coerência formam a minha marca. E isso tem peso; constrói reputação. E reputação é uma coisa valiosíssima. Se os relacionamentos são desrespeitosos e as condutas descuidadas, o resultado será negativo.

Além disso, reforço que toda a disciplina que tive como atleta, tenho como empresário. Também como "professor" e, agora, como escritor. A experiência de se adquirir (ou transmitir) novos conhecimentos é incrível. Por isso, sinto-me confortável em estar escrevendo um livro, mesmo sem nunca ter feito isso antes. Com disciplina, preparei-me e aqui estou, dando um novo passo na minha vida. Há risco na caminhada? Sempre há, pois a vida não é precisa.

Dada a imprecisão do viver, é necessário assumir riscos. Também é preciso agir com retidão e coerência, capacitar-se, estar cercado de profissionais e pessoas alinhadas com seus princípios e condutas: isso fortalece a reputação. Encoraja e incentiva. Além disso, acredito e me sinto estimulado em contribuir com a evolução e a valorização da profissão de agente de atleta de futebol.

Vivo intensamente o que representa essa atividade, tanto para os gestores como para os atletas, suas famílias e os clubes. A ideia de contribuir para que as relações nesse mercado sejam cada dia mais eficientes e transparentes me anima e justifica as muitas horas dedicadas a este projeto.

DEPOIMENTO

Quando, em 2008, o então executivo do Grêmio, Rodrigo Caetano, incumbiu-me de receber o empresário dos recém-contratados Victor e Réver, oriundos do Paulista de Jundiaí, mal sabia eu que estava prestes a conhecer uma das figuras mais corretas e inteligentes do futebol brasileiro.

Foi em janeiro dessa mesma temporada que tive meu primeiro contato com Fábio Mello, e pela simplicidade, educação e excelência com que buscava agir, tive empatia imediata por ele.

Quase duas décadas se passaram e minha impressão estava absolutamente correta, pois Fábio carrega consigo valores muito significativos dentro do mundo futebolístico, mas, acima de tudo, valores que o engrandecem como ser humano.

Não foram poucas as vezes que me ligou ou me abordou para saber sobre questões pessoais. Muitos foram os contatos profissionais com discussão em alto nível sobre estratégias de carreiras para seus atletas. E a cada contato sempre saí com a impressão de ter interagido com um homem bom, e isso tem um significado especial para mim.

Quando conheci sua família, tudo fez muito mais sentido. Fábio transmite às suas filhas uma linha de conduta irrepreensível. A educação e obstinação por seus objetivos é um traço comum no seu núcleo familiar. O brilho com que olha para a sua esposa Paula, escancara alguém que, quando apaixonado, não encontra limites para agir.

Fábio nos surpreende ao longo dos anos. Hoje, investe seu tempo não só na gestão de carreiras, como se preocupa e age na contribuição do desenvolvimento do ecossistema do futebol. Dar aulas lhe gera um impacto de prazer que se transforma em um poder de interação contagiante. Sorte de quem está próximo.

Os ex-colegas Victor e Réver impactaram muito a minha vida pelo desenvolvimento e evolução esportiva que juntos tivemos, mas lhes agradeço mesmo pela apresentação daquele que hoje posso chamar por uma das alcunhas mais fantásticas que conheço: AMIGO.

CÍCERO SOUZA – GERENTE-GERAL DAS SELEÇÕES MASCULINAS DA CBF

25
O JUVENTUDE, O GASPARZINHO E A MOLECAGEM

Em 1998, ainda na minha época de atleta do São Paulo, fui cedido para o Juventude para disputar o Campeonato Brasileiro.

O Juventude, que tinha uma cogestão com a empresa italiana Parmalat, havia acabado de conquistar o título de campeão da Copa do Brasil. Um feito histórico. Eles conseguiram segurar praticamente todos os jogadores para o Campeonato Brasileiro e negociaram apenas um jogador para o Flamengo: Sandro Fonseca, meio-campista. E encontram em mim o atleta ideal para substituí-lo.

Após negociações entre São Paulo e Juventude, tudo certo. Fui disputar a série A do Campeonato Brasileiro pelo Juventude, estreia programada em casa, no estádio Alfredo Jaconi, contra o Paraná Clube.

Fizemos um grande jogo, vitória de 3 a 0, e ganhei o prêmio/troféu da rádio local de Melhor em Campo. Que estreia!

Formação do Juventude

> OS COMENTÁRIOS E JULGAMENTOS ESTÃO DIRETAMENTE LIGADOS À *PERFORMANCE* DAQUELE DIA, DAQUELE JOGO. E CLARO QUE NÃO TEREMOS APENAS BOAS ATUAÇÕES OU RESULTADOS POSITIVOS.

Acho que uma ou duas rodadas depois, jogamos contra o Corinthians, no Pacaembu. O Corinthians de 1998 era uma máquina: Gamarra, Sylvinho, Vampeta, Marcelinho Carioca, Ricardinho, Rincón, Edílson, Mirandinha... A "máquina" venceu. O jogo terminou 4 a 0 para eles.

Toda as vezes em que eu tentava dominar a bola, o Amaral e o saudoso Gilmar Fubá – meu adversário desde as categorias de base na época de Sub-17 e Sub-20 – chegavam rasgando. Eu simplesmente não conseguia fazer as jogadas. Peguei sete ou oito vezes na bola, se muito, e cinco delas foi para dar saída de jogo. Era gol dos caras toda hora. Resumindo: derrota doída.

No aeroporto de Congonhas, voltando com a delegação do Juventude para Caxias, entro na loja e compro os jornais para ler as notícias sobre o jogo. O principal jornal esportivo na época era o *Lance!*. O diário tinha como tradição dar as notas para os atletas de acordo com a atuação, mas, além disso, lançava mão de alguns personagens, a fim de fazer uma analogia e ilustrar a atuação de alguns jogadores. E lá estava:

"*Fábio Mello = Gasparzinho, o Fantasminha camarada*"

E logo abaixo:

"O ex-meia do São Paulo e atual camisa 10 do Juventude não foi visto em campo e teve uma atuação abaixo das expectativas."

E a cabeça, como fica?! Com certeza todos os meus amigos e minha família iriam ler aquilo.

Mas, e aí, qual "Fábio Mello" prevalece? Aquele que ganhou o troféu de Melhor em Campo na estreia ou o "Gasparzinho"?

A resposta é uma parte gostosa do meu dia a dia atualmente. Como represento diversos atletas dos mais diferentes níveis, percebo que essa dúvida reside na grande maioria deles. A minha contribuição nesse sentido é dizer que os comentários e julgamentos estão diretamente ligados à *performance* daquele dia, daquele jogo. E claro que não teremos apenas boas atuações ou resultados positivos. Por isso, é fundamental enxergar, na hora de fazer uma autoanálise de rendimento, com a comissão técnica, os erros e acertos daquele jogo e ter consciência e força mental (sempre ela!) para acreditar que você está ali por seus méritos; por sua trajetória de esforço durante longos anos de dedicação. Na hora não é fácil, mas é preciso compreender que você é mais um dos 11 que estavam em campo com características e funções complementares.

Os elogios e as críticas fazem parte. Ter noção disso, com certeza, deixa a situação mais leve para ser absorvida, ajuda a seguir em frente. Esta é uma dinâmica imutável. A carreira de atleta é uma convivência permanente com comentários que ora nos elogiam, ora nos criticam.

Nesse mesmo ano, ainda no Juventude, tive outra lição importante. Lembro-me até hoje da data: 16 de setembro. Campeonato Brasileiro de 1998. Jogo em Caxias: Juventude *x* Santos.

Logo aos 15 minutos de jogo, pênalti para o Santos. Viola bateu. Santos 1 a 0. Aos 22 minutos do primeiro tempo, o saudoso Lori Sandri, nosso técnico, resolveu mexer no time e me tirou da partida. Colocou um atacante no meu lugar, recuou o atacante para o meio... Fiquei louco! Quando estava saindo do campo, tirei a camisa e falei um monte. Resultado: fui afastado do grupo.

A indisciplina de Fábio registrada pela imprensa

No dia seguinte, o meu uniforme não estava lá para que eu pudesse treinar. E o saudoso Lori Sandri não olhou na minha cara. Somente cinco dias depois fui chamado para conversar na sala dele.

— Quem você pensa que é para agir dessa forma? Quem te deu o direito de se comportar dessa maneira? — ele me disse.

Foi uma cobrança dura. E merecida.

Tirei uma lição valiosa desse episódio. Aprendi sobre postura, sobre humildade, sobre hierarquia, sobre me colocar no meu lugar. Eu me rebelei contra a ordem do meu treinador. Aquilo foi um ato de indisciplina. Um ato egoísta da minha parte.

Reconhecer o erro é fundamental ao longo da nossa vida, mas é preciso sempre, sempre mesmo, estarmos atentos e dispostos a melhorar a nossa conduta.

DEPOIMENTO

No dia 2 de agosto de 1998, tive a felicidade de poder assistir, no Pacaembu, ao jogo Corinthians *x* Juventude. Embora o jogo tenha sido contra o meu time de coração, havia uma pessoa muita especial no Juventude, Fábio Mello, amigo de infância do meu filho Beto, e meu.

Acompanhei a sua carreira desde a sua época de menino, quando jogava no Esporte Clube Banespa e no São Paulo F. C. Para mim, realmente foi muito especial vê-lo atuar como jogador profissional.

Nesse dia, o jogo foi dificílimo para o Juventude, que não teve sucesso na partida diante de um Corinthians muito forte. Isso, contudo, não me tirou a satisfação de ver o Fábio em campo. Um amigo que vi crescer, que soube superar os momentos difíceis e que se tornou a pessoa que é.

FEDATO — PAI DO BETO

26
NOVO FUTEBOL, NOVOS CARGOS

Um dos maiores jargões do mundo da bola é a frase: "O futebol é dinâmico". Essa frase se aplica muito bem ao modo como vejo os cargos dentro do futebol. Profissionais ocupando diferentes funções, novas funções sendo criadas. É um movimento que já se iniciou e, acredito, só aumentará. Treinadores têm se tornado coordenadores técnicos, advogados têm assumido cargos executivos, executivos evoluído para a posição de CEO. Por exemplo, o Deco – ex-jogador de alto nível do Barcelona e do Porto, e que passou a atuar como empresário ao deixar os gramados –, que fez nova transição. Tornou-se diretor-executivo do Barcelona.

Essa transformação e reposicionamento de pessoas, na minha visão, são fundamentados na preparação, na capacidade e na competência. Claro, há também a questão das relações de confiança. O Deco – de novo ele – possui uma forte ligação com o Barcelona, mas duvido que teriam concedido tal cargo se ele não fosse competente ou não tivesse as habilidades necessárias.

Há também os casos de jornalistas, como o Raphael Rezende, que foi contratado pelo Botafogo para exercer nova função; e Pedrinho, que deixou de ser comentarista para concorrer à presidência do Vasco (ganhando a eleição). As transições de carreira estão constantemente acontecendo. Novamente, porém, destaco a importância da competência, da capacitação e da ética. Se não houver estes pilares qualitativos, esses novos cargos no futebol não se sustentarão.

> AS TRANSIÇÕES DE CARREIRA ESTÃO CONSTANTEMENTE ACONTECENDO. NOVAMENTE, PORÉM, DESTACO A IMPORTÂNCIA DA COMPETÊNCIA, DA CAPACITAÇÃO E DA ÉTICA. SE NÃO HOUVER ESTES PILARES QUALITATIVOS, ESSES NOVOS CARGOS NO FUTEBOL NÃO SE SUSTENTARÃO.

Além disso, no futebol, os resultados são cruciais, independentemente do nível de idolatria que alguém possa ter. Já vimos ídolos históricos serem duramente criticados ao ocuparem diferentes funções. Os motivos são dos mais variados. O fato é que o futebol não perdoa.

Para uma transição de carreira cujo desenlace seja vitorioso, são necessários tempo, vivência e, principalmente, muita convicção sobre o que está se fazendo. Por isso, é fundamental se preparar para exercer uma nova função. Nos capítulos 18 e 20 expliquei como fui *dos campos para os negócios*. Todavia, reforço que, quando "pendurei as chuteiras", eu me preparei. Do contrário, eu não poderia estar jogando de terno.

Vagner Mancini, Mauro Silva e Fábio

DEPOIMENTO

Nunca me esquecerei do dia em que meu querido amigo e renomado advogado, Cristiano Caús, contatou-me com um pedido especial. Ele procurava por um profissional exemplar no ramo de agentes e empresários de jogadores de futebol para ministrar uma aula no curso de Gestão da Escola de Negócios Trevisan. Sem hesitar, o nome de Fábio Mello me veio à mente.

Conhecendo-o não apenas como um ex-jogador, mas agora como empresário de destaque e agente de jogadores, sua trajetória de sucesso, somada aos seus sólidos princípios éticos, valores e postura, sempre me impressionaram.

A indicação de Fábio, portanto, não foi apenas um reconhecimento de seu caráter e competência profissional; foi também um ato de confiança em sua habilidade de enriquecer o curso com sua valiosa experiência prática e conhecimento profundo sobre a gestão de carreiras no esporte.

Hoje, ao observá-lo consolidado como um influente agente de jogadores no país, e dando seus primeiros passos na área da Educação – especialmente por meio do desenvolvimento de um curso em parceria com a ESPM (Escola Superior de Propaganda e Marketing) –, sinto uma imensa alegria e satisfação.

A jornada de Fábio é um lembrete poderoso do impacto transformador que a educação e o esporte podem ter na vida das pessoas. Ao fazer a transição com sucesso dos campos para os negócios, e agora para a educação, ele mostra como é possível combinar paixão, propósito e profissionalismo para alcançar tanto o sucesso pessoal, quanto contribuir significativamente para o desenvolvimento e a profissionalização do futebol brasileiro.

Esse momento, além de reconhecer a excelência e a dedicação de Fábio ao esporte e à sua gestão, celebra o poder do esporte e da educação em unir pessoas, inspirar mudanças e moldar futuras gerações.

É com grande orgulho que testemunho o legado que meu amigo Fábio Mello está construindo. Um legado que, sem dúvida, inspirará muitos a seguirem seus passos, explorando novos horizontes e transformando desafios em oportunidades de crescimento e aprendizado.

MAURO SILVA – TETRACAMPEÃO MUNDIAL PELA SELEÇÃO BRASILEIRA E VICE-PRESIDENTE DA FEDERAÇÃO PAULISTA DE FUTEBOL

27
A CONSOLIDAÇÃO DO FUTEBOL FEMININO

No ano em que estamos, 2024, é impossível falar do futebol e não citar a transformação do cenário feminino neste esporte nos últimos anos. É muito legal testemunhar como o futebol feminino vem ganhando força, ocupando o espaço merecido e mostrando a excelência das jogadoras. São atletas que superam diversas dificuldades e, hoje, conseguem vestir camisas importantes, com grandes veículos de comunicação transmitindo seus jogos. Na minha época como atleta, a realidade do futebol feminino era outra.

Mesmo assim, apesar do progresso visível, ainda é um processo em andamento conquistar mais investimento dos clubes e do mercado do futebol como um todo. O futebol brasileiro tem suas particularidades, e a mentalidade que foi construída por muitos e muitos anos demora a se transformar. É um processo lento, mas que já começou. Grandes marcas estão interessadas no futebol feminino, como nunca antes. A audiência da última Copa do Mundo, os Campeonatos Estaduais lotando os estádios, a construção de espaços para a prática de jovens jogadoras. Enfim, não há dúvida de que estamos diante de um novo momento.

De modo geral, como eu disse, o mercado da bola está gradualmente abrindo os olhos para o potencial e o valor feminino no futebol. A mudança é promissora, mas requer uma atitude proativa – minha e de todos os envolvidos – para acompanhar e implementar essa evolução.

No meu caso, manter-me motivado, constantemente atualizado, atento às movimentações, não apenas como um empresário, mas como alguém apaixonado pelo esporte, é fundamental para que eu entenda as nuances desse universo em transformação. A adaptação é essencial para o meu crescimento e o meu desenvolvimento, em qualquer função que eu exerça. E ter isso em mente é obrigatório, não só para mim, mas para qualquer profissional que deseja se manter relevante dentro desse esporte.

O futebol exige estar atento ao que está acontecendo, em todos os sentidos, em todas as esferas: dentro de campo, vemos a importância de jogadores polivalentes, que jogam em mais de uma função e conseguem se adaptar ao estilo de jogo definidos; vemos treinadores serem cobrados toda semana para mostrar repertório e variações táticas; dirigentes precisando investir em estrutura de departamento médico, fisiologia, análise de desempenho, *scout*...[10] Tudo para não ficar para trás.

E uma das coisas que podemos observar atualmente é, justamente, a consolidação do futebol feminino nesse cenário. Uma mudança que chega para ficar de vez. Ainda bem.

---

[10] *Scout*, ao pé da letra, significa olheiro, mas vai além de avaliar jogadores promissores *in loco*. A função do *scout* baseia-se em pesquisar, analisar e monitorar jogadores. Além disso, é um profissional que faz análise de mercado, fornece opções para que um clube trabalhe na contratação de atletas que estão em alta *performance*, ou identifica e oferece jogadores diferenciados das categorias de base.

DEPOIMENTO

Fui mais uma sonhadora em meio a tantas pessoas que gostariam de se tornar atleta de futebol. O meu maior empecilho não foi a falta de talento, mas ter nascido mulher no ano de 1982, apenas três anos após a revogação da lei que proibia as mulheres de jogarem futebol no Brasil.

Diante disso, os desafios começaram ainda dentro de casa. O meu pai não apoiava, e muito menos entendia o meu desejo por jogar futebol. Era preciso jogar escondido para não levar um puxão de orelha, e ouvir que o meu esporte tão amado, não era para meninas. Por outro lado, tive a minha mãe, meu irmão e minhas irmãs lutando comigo e alimentando meu sonho.

Iniciei a minha trajetória no futsal, e logo após migrei para o futebol de campo do São Paulo F. C., coincidentemente, no mesmo clube onde o Fábio iniciou sua carreira. Na época, eram apenas duas categorias no futebol feminino do clube: aspirantes e profissional. Em pouco tempo, e com apenas 15 anos de idade, eu já figurava entre as jogadoras do time profissional. Tinha um sonho parcialmente realizado, e a descoberta de um mundo ainda mais desafiador. A falta de apoio, descobriria, se estenderia para muito além da minha casa.

Confiança, resiliência e perseverança foram a chave para uma caminhada de grandes conquistas. Entre elas, jogar pela Seleção Brasileira e ter os melhores resultados da história do futebol feminino brasileiro. E, para além disso, junto com as minhas companheiras, abrir novos caminhos para as gerações que estavam por vir.

A próxima conquista foi algo almejado por muitos atletas: jogar fora do país. Passei quatro temporadas jogando em um clube na Áustria. Após essa passagem vencedora, migrei para o Sky Blue F. C., um time dos Estados Unidos, onde nos sagramos campeãs da liga.

No meu retorno à Europa, joguei em dois dos grandes clubes franceses. No Lyon, conquistando a Womens Champions League, e no PSG, já mais para o final da minha carreira como atleta. No futebol norueguês, tive uma ótima passagem, ajudando a construir um espaço onde atletas brasileiras passaram a ser parte do sucesso de um clube chamado IL Avaldsnes. Foi também o lugar onde iniciei os meus cursos para me tornar treinadora de futebol, fazendo o primeiro módulo da licença UEFA.

Oito anos depois da primeira licença de treinadora e com outros tantos cursos abrangentes na área do futebol, decidi encerrar a carreira de atleta e mergulhar nessa nova função, com a proposta de ter um processo mais humanizado e poder gerar mais conhecimento e desenvolvimento para as atletas, além dos resultados dentro do campo.

Recebi a oportunidade de iniciar a minha trajetória já no Club Athletico Paranaense, conquistando títulos e uma ótima colocação no Brasileiro série A2. No ano seguinte, recebi a proposta para ser a treinadora do Red Bull Bragantino, e aceitei o desafio. Passei dois anos ajudando a construir a metodologia do futebol feminino, com a proposta inicial de desenvolver as atletas dentro da identidade do clube e, também, para a vida. Um processo árduo, mas com um ótimo resultado!

Depois de algum tempo na função, recebi a proposta para assumir a Seleção Brasileira Feminina Sub-20. Sem dúvidas, o maior desafio até agora durante a minha trajetória. Tenho encarado com muito orgulho o convite, sabendo que um bom processo pode fazer com que as nossas vozes ecoem ainda mais para um grande propósito, que é ter o futebol feminino consolidado também como uma ferramenta de transformação social, assim como é no futebol masculino, podendo ajudar milhões de pessoas.

Entendo que, para que isso aconteça de forma orgânica, hoje, como líder do processo, preciso estar sempre me preparando. E nessa busca incessante por conhecimento, no que diz respeito aos processos e às conexões do futebol, tive o grande prazer de conhecer o Fábio Mello, no curso Master de Gestão em Futebol, organizado pela Federação Paulista de Futebol.

Posso afirmar que conhecer o Fábio foi um dos melhores momentos do curso. Já tinha admiração pelo atleta e conhecê-lo mais de perto, aumentou ainda mais. Criamos uma conexão de forma rápida e natural. Talvez tenhamos nos aproximado pela gentileza do Fabio, que era o líder do grupo, em me inteirar sobre tudo o que já estava sendo feito.

Mas, para além disso, acredito muito em energia entre pessoas boas e que querem fazer o bem, e tornar o futebol um lugar mais leve e harmônico. Nossa interação durante o curso nos levou à construção de uma amizade em um curto espaço de tempo, o que hoje nos permite trocar ideias e conselhos.

O Fábio, em pouco tempo, me mostrou ser uma pessoa extremamente sensível para entender os contextos em que está inserido e a sua forma de abordagem. Respeitoso e inteligente, ele se faz ouvir pelo amplo conhecimento que possui. Por isso, eu me sinto privilegiada e honrada em poder dar esse depoimento.

ROSANA AUGUSTO — EX-JOGADORA DA SELEÇÃO BRASILEIRA E ATUAL TÉCNICA DA SELEÇÃO BRASILEIRA SUB-20

Rosana e Fábio

28
EM VEZ DE UM CONVITE, UMA CONVOCAÇÃO

O acidente aéreo da Chapecoense, em novembro de 2016, foi um dos episódios mais tristes que vivi no futebol. Ainda me lembro de onde estava e o que fazia na madrugada do dia 29, quando aconteceu a tragédia.[11] Foi inacreditável.

O mundo desmoronou para as famílias das 71 vítimas, também para os torcedores e outras tantas pessoas. Quis o destino que eu, de alguma maneira, participasse do processo de reconstrução do clube. O presidente da Chapecoense na época, Maninho, ligou para o Vagner Mancini pedindo para nos encontrarmos em São Paulo. Isso foi uns dez ou quinze dias após o acidente. O Mancini pediu ao presidente que me ligasse. Depois da nossa conversa pelo telefone, nós nos encontramos no escritório de um amigo dele para a reunião presencial. Foi dificílimo. Todos nós choramos bastante. O presidente Maninho, sem delongas, perguntou ao Mancini se ele estaria disposto a assumir a reconstrução. Disse mais o menos o seguinte:

— Você foi indicado por algumas pessoas, o Tite, técnico da Seleção, foi uma delas. Tivemos mais duas ou três validações. Pela sua conduta como profissional, seu nome nos agradou. Ainda não fechamos com ninguém. Você será a primeira contratação. Não sabemos o que vai acontecer, como será. Mas temos pessoas boas que sobraram e vamos continuar essa história.

Enquanto todos nós ainda estávamos emocionados, o Mancini afirmou que estava preparado. O presidente não sabia qual era o salário do Mancini no Vitória da Bahia, seu time anterior, mas,

---
[11] Na Colômbia, em razão do fuso horário, ainda era noite do dia 28.

> SOB COMANDO DO MANCINI COMO TÉCNICO E DO RUI COSTA, COMO DIRETOR-EXECUTIVO, A CHAPE FOI CAMPEÃ ESTADUAL. UM FEITO VERDADEIRAMENTE IMPRESSIONANTE. UMA PASSAGEM MUITO EMOCIONANTE E MARCANTE PARA TODOS NÓS.

mesmo assim, perguntou-me se seria possível manter o mesmo contrato. Eu, como gestor da carreira do Vagner, concordei, claro.

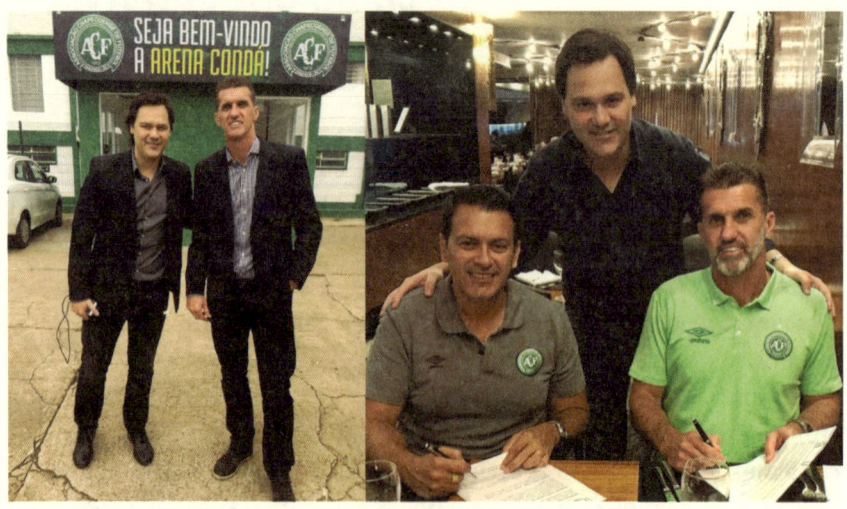

Fábio e Vagner Mancini

Rui Costa, Fábio e Vagner Mancini

Foi o começo da reconstrução. E que reconstrução! Sob comando do Mancini como técnico e do Rui Costa, como diretor-executivo, a Chape foi campeã Estadual. Um feito verdadeiramente impressionante. Uma passagem muito emocionante e marcante para todos nós.

Essa "convocação" para a reconstrução do clube, além de ter representado o renascimento e, de alguma maneira, ter gerado alegria com a conquista do título, trouxe para a minha carreira profissional um amadurecimento enorme.

Presenteando as crianças com uniforme da Chape

29
REFERÊNCIAS E REFERENCIAIS

Quando penso no início da minha trajetória como empresário, é inevitável me lembrar das pessoas que me representaram quando fui atleta. Ao longo da minha carreira, tive alguns empresários com os quais mantenho relações até hoje. Eles são referências para mim. Observar a atuação deles na minha carreira permitiu que eu me tornasse o empresário que sou hoje. Aprendi muito ao entender essas relações, identificando os aspectos que eles contribuíam, mas também em qual momento poderiam ter feito diferente.

Assinei com meu primeiro empresário aos 20 anos, algo que é inimaginável nos dias de hoje. Essa relação – mesmo a FIFA e a CBF permitindo a oficialização entre agente e atleta só quando o jogador completa 15 anos e 6 meses – começou muito antes, com a família fazendo parte do processo.

Juan Figer foi o meu primeiro empresário. A família Figer, liderada pelo próprio Sr. Juan, era e sempre será uma das grandes referências mundiais nesta atividade. Marcel e André, filhos dele, e Stephanie Figer, neta do Sr. Juan, seguem no mercado mantendo a tradição da família.

"Sté" é uma grande amiga e foi importantíssima na minha preparação para a prova que me possibilitou ser Agente FIFA. Estimulou-me a estudar e conseguimos a aprovação. Quando saiu o resultado, foi para ela uma das minhas primeiras ligações.

— STÉEEE, SOMOS AGENTES FIFA!

André, Sr. Juan Figer, Fábio, Marcel e Stephanie Figer

Depois, comecei a trabalhar com Bernardo (Bernardão), ex-atleta de alto nível, ídolo no São Paulo e Corinthians. Bernardão jogava demais como volante, tive a oportunidade de enfrentá-lo em um São Paulo x Corinthians no Campeonato Brasileiro de 1996. Que fique entre nós, mas apanhei demais dele naquele jogo. Daquelas voltas que o futebol dá, no ano seguinte, em 1997, jogamos juntos no Athletico Paranaense e ficamos muito amigos. No ano seguinte, ele decidiu parar de jogar. Foi quando, entre 1999 e 2000, tornei-me atleta da sua empresa.

Tivemos momentos bons, e outros de instabilidade. Hoje, entendo que as instabilidades aconteceram mais por responsabilidade minha do que dele.

Depois do Bernardo, fui atleta do Márcio Rivellino, um cara com muita reputação e que eu admirava. Representou grandes nomes e amigos como Muricy e Danilo Laranjeira, zagueiro que era do Paulista de Jundiaí, e que depois atuou em grandes clubes como o CAP e

Palmeiras, até que foi vendido para o Udinese e fez uma carreira linda na Europa.

O tempo passou, parei de jogar, voltei a estudar e quis o destino que eu me tornasse agente. Passei a ser um deles e as únicas referências que eu tinha eram das relações que tive com os meus representantes. Extraí o melhor que aprendi de cada um e criei o meu próprio estilo, a minha metodologia, a minha forma de me relacionar com os atletas, com os clubes e com os *stakeholders*.[12]

Ao iniciar o meu trabalho como empresário, comecei a ter mais contato com outros profissionais. Eu precisava aprender e entender "o outro lado da mesa". Ou seja, era fundamental estar com quem já tinha vivência na profissão.

Uma das pessoas mais importantes nesse meu início foi o Eduardo Uram, empresário extremamente bem posicionado, com histórico de grandes negociações e com relações diretas e sólidas com clubes do Brasil e do exterior. O Edu abriu as portas da sua empresa para mim. Literalmente. Eu viajava ao Rio de Janeiro para visitá-lo e, mesmo sem termos em conjunto qualquer negociação em andamento, ele me permitia ficar na sua sala para acompanhar suas reuniões com atletas e dirigentes. Sua inteligência e forma de condução nas negociações me encantaram e encantam até hoje.

Eduardo Uram e Fábio

---

[12] *Stakeholders*, que palavra espetacular! Na primeira vez que a ouvi pensei que fosse o nome de algum jogador da Bulgária, Suécia, Croácia, sei lá. Entendi, depois, que eram todas as pessoas que fazem parte da indústria em que você está inserido.

Era uma aula passar uma tarde no escritório do Edu e seu filho Alexandre, que sempre foram muito generosos comigo.

Alguns outros agentes foram também importantes no meu início de carreira como empresário. O Guga, da Antoniu's, que, sem dúvida, há muitos anos, é a maior empresa de representação de atletas do Nordeste do Brasil.

Outro que faço questão de ressaltar é o Frederico Moraes, o Fred, da Pro Manager. Fred é mais novo do que eu, mas já atua como agente desde o período em que eu era atleta. Para mim, Fred é um dos mais completos agentes do Brasil. Reúne características importantes: consegue aliar competência; relações sólidas no Brasil e no exterior; conduções claras e seguras nas negociações; caráter; respeito do mercado; além de ter sócios e uma equipe de trabalho extremamente qualificada e especial. Tenho grande admiração por toda a família Pro Manager.

Fred e Fábio

Todas essas referências, associadas à minha experiência como ex-atleta, moldaram o empresário que sou hoje.

Fui absorvendo as coisas boas que aprendi. Com percepções, estratégias e muito, mas muuuuito trabalho, segui criando e estruturando o meu próprio caminho. Na minha caminhada, alguns pontos ficaram-me cada vez mais claros. Um deles é: o atleta é, e sempre será, o protagonista dessa relação "agente-jogador". (Sempre digo isso, pois é importantíssimo!)

Entender os objetivos, estruturá-los e planejá-los é o ponto de partida. Quando esses pontos ficam claros para a empresa e são aprovados pelo atleta, é que se parte para a execução. É assim na FMS. É essa a rotina que me move e me encanta, porque colocar planos em prática aumentam as chances de se transformar vidas.

DEPOIMENTO

Conheci o Fábio em 2008, se não me engano. Foi quando tivemos o nosso primeiro contato.

Eu participei de uma transferência do jogador dele, o Réver, para Wolfsburg. Na época, eu tinha um bom contato com o clube e a transferência foi bem-sucedida. A partir dali, começamos esse relacionamento que, de profissional, virou uma grande amizade. E de muito respeito.

E sempre é assim, né? Porque, nesses processos, você tem a capacidade de conhecer a conduta das pessoas. Eu vi que o Fábio sempre respeitou aquela minha interlocução e, da mesma forma, eu a dele. Foi recíproco.

O Fábio, frequentemente, reporta que aprendeu muito comigo e me chama de mestre, essas coisas. Mas, com toda a sinceridade, eu entendo que essa via de conhecimento e de aprendizado foi de mão dupla. Mesmo.

Eu absorvi coisas dele que me faltavam, talvez pelo fato de ele ter tido experiências e vivências anteriores diferentes da minha. Então, nossa relação sempre foi muito equilibrada.

Costumo dizer que os bons sempre se juntam. No futebol, todavia, o que predomina é a separação. Existem duas bandas com metodologias absolutamente diferentes que eu chamo de banda A e de banda B. O pessoal da banda A habitualmente fica junto. E o pessoal da banda B que se junte pra lá.

É uma honra e é muito fácil falar do Fábio. Tive a oportunidade de conviver com ele a nível familiar. Ele tem uma família linda, todos com energia boa. Ele traz isso para todas as suas relações. Por isso, espero que essa minha amizade com ele perdure. E tenho certeza de que vai perdurar.

Que a gente continue nosso relacionamento, tanto no nível profissional quanto no nível de amizade, com esse respeito e carinho mútuos. E que eu continue aprendendo com o Fábio.

Aliás, cada vez mais terei muito a aprender com ele. E, cada vez menos ele terá coisas a aprender comigo.

EDUARDO URAM — AGENTE DE JOGADORES

Assista ao vídeo dos depoimentos da Stephanie e Marcel Figer.

30
TODO MUNDO IMPORTA

Com o objetivo de gerar conhecimento e qualificar cada vez mais profissionais do futebol, promovendo cursos e palestras, a CBF criou, em 2019, um evento chamado Brasil Futebol Expo. Achei interessante e fiz a minha inscrição.

Lembro-me de que encontrei amigos, assisti a algumas palestras como: Jornalismo esportivo; Gestão de categorias de base; Saúde e *performance*, assuntos que tangenciam a minha atividade e são complementares a ela.

Um pouco antes de ir embora, ao passar pela sala principal, vi o Zé Roberto, ex-atleta da Seleção Brasileira, Palmeiras, Santos, Portuguesa... Ele estava no palco discursando sobre sua trajetória. O que era para ser uma "olhada" de um minuto, virou uma hora. Não consegui sair mais da sala. Foi incrível ao que assisti.

Ao final, minha filha, que estava comigo, perguntou:

— Pai, você está chorando?

— Sim, filha. Papai está muito emocionado.

Saí do evento com a sensação de que todos os meus amigos e pessoas no mundo deveriam ouvir aquilo. Havia sido realmente impactante.

Gigi, Zé Roberto e Fábio

Pouco tempo depois, no meu aniversário de 45 anos, não tive dúvidas. Pensei: vou organizar uma surpresa. Decidi, então, reservar um espaço em um hotel onde meus amigos Abel, Tom e o *chef* Felipe trabalham e chamei aproximadamente 100 convidados, pessoas importantes na minha vida.

Estava bonito o salão. Cardápio definido, decoração, pianista (Léo) para ter uma música ambiente. De repente, acendi as luzes e pedi para que todos ocupassem os seus lugares e disse que ali começava a festa. Com o microfone em mãos, relatei o que eu tinha vivido no evento Brasil Futebol Expo; o quanto a palestra do Zé Roberto tinha me tocado e me inspirado de diversas formas. E que, mesmo sendo o meu aniversário, gostaria de oferecer a mesma oportunidade que tive e dar esse presente para eles.

Chamei o Zé no palco. Todos foram ao delírio. Mais um *show* do Zé dividindo as emoções de sua trajetória.

Vagner Mancini, Zé Roberto, Fábio, Cícero Souza e Caio Ribeiro

Nessas voltas que a vida dá, conforme já contei no início deste livro, fui convidado pela CBF, em setembro de 2022, para ser um dos palestrantes deste mesmo evento. Pediram-me para falar sobre dois temas: Transição de carreira e A atuação e importância do agente. Uma destas palestras, inclusive, foi na mesma sala onde escutei o Zé.

Era a minha vez de inspirar pessoas que ali estavam.

> TODO MUNDO IMPORTA; TODOS TEMOS UMA HISTÓRIA BONITA, E CABE-NOS TERMOS SENSIBILIDADE PARA NOS CONECTAR COM ELA.

Os encontros que temos ao longo da vida são extremamente importantes. Mais importante ainda é entender que todo mundo importa; todos temos uma história bonita, e cabe-nos termos sensibilidade para nos conectar com ela.

Nesse sentido, há outro caso que sinto orgulho de contar.

Estávamos de férias em Natal-RN, eu, Paula, Gigi e Bia. Logo no primeiro dia, tomamos um táxi a fim de conhecer melhor o local. No dia seguinte, decidimos visitar a Praia do Amor e, para a nossa sorte, pegamos o mesmo taxista. Sheldon, um cara engraçado, papo bom, muito solícito, sempre à nossa disposição. Definimos o Sheldon como nosso motorista da viagem. Com o passar dos dias, ele se tornou um amigo.

Lá pelo quarto ou quinto dia, já com liberdade nas brincadeiras, passeando por uma daquelas vistas maravilhosas das praias e falésias, Sheldon brincou comigo:

— É, seu Fábio, essa vista é igualzinho São Paulo, né?

Dei risada e lhe perguntei:

— Sheldon, você conhece São Paulo?

— Não conheço e nem tenho vontade de conhecer. Minha única vontade de viajar para São Paulo seria para conhecer o Estádio do Morumbi. Meu sonho é entrar no Morumbi, sou são-paulino fanático — ele respondeu.

Fiquei quieto e, ao chegarmos ao destino, minhas filhas perguntaram:

Fábio palestrando na Brasil Futebol Expo

— Pai, por que você não falou que jogou no São Paulo? Que é empresário do Rafael goleiro? E que conhece as pessoas do clube?

Fiquei pensando nisso...

Era final de julho de 2023, o São Paulo tinha acabado de perder o jogo de ida para o Corinthians pela semifinal da Copa do Brasil, na Neo Química Arena, e teria o jogo de volta dali a 15 dias no Morumbi.

Final de tarde, o Sheldon foi nos buscar. Ao entrar no carro, perguntei:

— Seu sonho é ir ao Morumbi? Então, se você conseguir folga no dia 16/08, que será o jogo de volta do São Paulo contra o Corinthians, eu te mando a passagem aérea de ida e volta, organizo a sua hospedagem, consigo um ingresso e vamos juntos ao Morumbi assistir ao jogo.

Com os olhos cheios de lágrimas, ele me perguntou:

— O senhor está brincando, seu Fábio?

— Não! — eu disse. — Tente se programar, me avisa que eu organizo tudo para você.

No dia combinado, estávamos todos juntos no Morumbi. Foi um jogão, vitória do São Paulo e classificação para a final. Sheldon não acreditava no que estava vivendo, e nós também não. Era só emoção.

O futebol é uma coisa maravilhosa. Um elo de conexão com pessoas de diferentes contextos, origens e sonhos.

Sheldon, Matheus Duim e Luciano. Convidados especiais do Fábio para assistir a São Paulo x Corinthians pela primeira vez no Morumbi

Minha intenção ao contar esse episódio é agradecer a todos que fizeram muito por mim. Porque muitas vezes eu fui o Sheldon e as pessoas também me ajudaram. E, hoje, poder retribuir de alguma forma, contribuindo para a realização dos sonhos de outras pessoas, é uma satisfação enorme. E que preenche demais o meu coração.

31
PONTOS DE MELHORIA

Como todo ser humano, tenho meus defeitos e meus pontos de atenção. Recentemente, como parte importante da construção do meu posicionamento profissional, realizei diversos trabalhos complementares para entender algumas atitudes e reações que se destacam em minha personalidade. Entre eles, dois exercícios me chamaram atenção pela riqueza do conteúdo e pelas percepções que realmente são muito próximas ao que imagino.

O primeiro exercício com a psicóloga foi responder a um questionário estruturado, além de questões feitas por ela, para analisar o meu mapa comportamental. O objetivo era entender minhas principais características, mas também padrões de comportamentos e reações em diversas situações. O resultado foi muito interessante.

O segundo, e um pouco mais elaborado, exigiu a colaboração e participação de mais 30 pessoas, de diversos perfis, indicadas por mim: amigos próximos, parceiros de trabalho, família, conhecidos... A intenção era termos maior amplitude sobre as perspectivas e visões sobre mim em diversos ambientes.

Esse trabalho "define o que somos" aos olhos dos outros; ou seja, como os outros nos enxergam. Por isso, entendermos e termos percepções melhores sobre os nossos valores e habilidades é parte importante nesse processo.

Nesses exercícios, qualidades que tenho foram apresentadas, mas o que eu gostaria mesmo de destacar são os meus pontos de melhoria identificados nesses trabalhos.

O primeiro: *o Fábio Mello é centralizador.*

Esse ponto é excelente. Realmente foi um aspecto destacado

por muitas pessoas. Por um bom tempo liderei todos os departamentos e processos da empresa, o que me causou uma exaustão física e mental. Além de impactar o limite de produtividade nos negócios, começou a afetar a minha energia e disposição. Eu me sentia cansado com tanta responsabilidade e centralização.

A partir dessa percepção, desenvolvemos um novo trabalho de consultoria, liderado pela profissional Ângela Lopes, para reorganizar o organograma da empresa, com cargos e funções bem estabelecidos, definição de líderes e liderados, além da excelência nos trabalhos das nossas consultorias externas e informatização em diversos departamentos. Dessa forma, ganhamos velocidade nos processos e nas informações, ajudando no desempenho da empresa, na produtividade da equipe e na saúde e bem-estar de todo mundo. Acredito que estamos no caminho para a solução deste ponto importante.

O segundo, e mais delicado, ponto levantado: *em alguns momentos, o Fábio Mello precisa ter equilíbrio emocional.*

Equilíbrio emocional é o caramba! Hahaha, brincadeira!

Tenho certeza de que esse é o segredo da vida. Reconheço e trabalho muito com minhas psicólogas Carol Abreu e Silia Assumpção e o psiquiatra Dr. Francisco Rocha sobre esse assunto. Levo muito a sério esse ponto. Para quem vive intensamente os negócios, assumindo compromissos com nível alto de entrega e profissionalismo, realmente não é fácil.

Em determinadas circunstâncias, com a omissão de parceiros e de pessoas próximas aos atletas; contornar os limites impostos; lidar com gente querendo levar vantagem etc., é muito difícil não me impor de forma contundente e incisiva. Mesmo sabendo que esse não é o caminho ideal para a solução da questão e tendo o entendimento de que o atleta pode e deve ser visto também como ativo importante, precisamos humanizar algumas decisões. É fundamental ter essa sensibilidade quando estamos representando atletas/pessoas, que sonham, têm suas famílias, desejos e que podem ser interrompidos por pessoas gananciosas e despreparadas para a função que exercem. E que só pensam no negócio e não colocam na mesa todo o contexto.

Algumas atitudes realmente me revoltam. E não falo de um cargo ou de uma profissão específica. Isso acontece de forma recorrente no desenvolvimento das etapas do plano de carreira dos atletas. É por isso que, ora e outra, sou contundente.

De toda forma, se fui enérgico demais, deixo aqui as minhas desculpas. E reafirmo o meu compromisso de seguir melhorando. Afinal, nos negócios, e também na vida, temos que melhorar sempre.

EM DETERMINADAS CIRCUNSTÂNCIAS [...] É MUITO DIFÍCIL NÃO ME IMPOR DE FORMA CONTUNDENTE E INCISIVA. MESMO SABENDO QUE ESSE NÃO É O CAMINHO IDEAL PARA A SOLUÇÃO DA QUESTÃO E TENDO O ENTENDIMENTO DE QUE O ATLETA PODE E DEVE SER VISTO TAMBÉM COMO ATIVO IMPORTANTE, PRECISAMOS HUMANIZAR ALGUMAS DECISÕES.
É FUNDAMENTAL TER ESSA SENSIBILIDADE QUANDO ESTAMOS REPRESENTANDO ATLETAS/PESSOAS, QUE SONHAM, TÊM SUAS FAMÍLIAS, DESEJOS E QUE PODEM SER INTERROMPIDOS POR PESSOAS GANANCIOSAS E DESPREPARADAS PARA A FUNÇÃO QUE EXERCEM. E QUE SÓ PENSAM NO NEGÓCIO E NÃO COLOCAM NA MESA TODO O CONTEXTO.

32
DESISTIR NÃO É UMA OPÇÃO

Gabriel Veron, que também foi atleta do Porto e atualmente (2024) está no Cruzeiro, chegou com 15 anos ao Palmeiras, vindo do Santa Cruz de Natal, que é um clube liderado pelo empresário e advogado Lupércio, em sociedade com o João – o fenômeno "Quebra Osso". Essa oportunidade de parceria foi apresentada pelo Fred, da empresa Pro Manager, amigo e parceiro de pequenos, médios e grandes negócios.

Quebra Osso é um cara superfamoso no Nordeste, conhecido pelo olhar preciso para descobrir jogadores. Grandes clubes do Brasil ligam para ele ou, então, escutam as suas indicações. E foi assim que o Veron chegou para ser atleta do Palmeiras.

Veron é de uma cidade a 250 quilômetros de Natal, chamada Assu. Ele saiu de lá com 13, 14 anos, e, logo depois, foi jogar no Santa Cruz de Natal. Com 15 anos, foi direto para a categoria profissional. Chamou atenção e, então, o Palmeiras o contratou.

Assim que chegou, o clube estava prestes a disputar uma competição internacional. O jovem foi escalado, jogou muito e foi eleito o melhor jogador desse Campeonato Mundial de Clubes, derrotando o Real Madrid na final. Na volta para o Brasil, o Palmeiras firmou com Veron um contrato com salário dentro dos padrões. Ele foi ganhando projeção nas categorias de base. Quando ainda era Sub-17, jogava no Sub-20. Foi campeão Paulista no Sub-17, campeão Paulista no Sub-20, campeão Mundial Sub-17 e eleito o MELHOR JOGADOR DO MUNDO na categoria.

O Palmeiras, então, adequou o salário novamente. É bom dizer que, ao longo do processo, o clube foi aumentando o salário conforme Veron se destacava. Aos 18 anos, o atacante fez um contrato já significativo e com algumas metas pré-estabelecidas, as quais, se atingidas, aumentariam esse valor. Ele conseguiu bater todas essas metas. Ganhou tudo com o Palmeiras: Paulista, Brasileiro, Copa do Brasil, Libertadores.

Enfim, foi uma ascensão meteórica.

Gabriel Veron, sentado, e *staff*

Gabriel Veron é de uma geração de meninos vencedores que ganharam tudo na base, ganharam tudo no profissional e, em pouco tempo, transformaram-se em atletas poderosos, famosos e ricos. E com isso achavam que podiam tudo na vida.

Em uma das minhas reuniões com a diretoria do Palmeiras, eu alertei e trouxe o assunto à tona.

— Olha, nós precisamos blindar esses meninos. Eles acham que podem tudo, só que eles não têm estrutura emocional, cultural, para entender essa transformação na vida deles. Eles não têm como saber, porque é tudo muito novo e provoca essa sensação de que podem tudo. E a hora que acontecer alguma fatalidade, nós seremos coniventes. Precisamos estar juntos nesse processo de educá-los – eu disse.

> UM CLUBE PODE PENALIZAR O ATLETA, CLARO, MAS NAS PRIMEIRAS VEZES O IDEAL É ACOLHER E VER O QUE PODE SER FEITO PARA MELHORAR AQUELA SITUAÇÃO. ACHO QUE SE UM CLUBE ACOLHER, FIZER O TRABALHO DE COLOCAR O JOGADOR DENTRO DA CONCENTRAÇÃO DO CLUBE, COM UMA ROTINA DE DISCIPLINA AO LADO DE PSICÓLOGO, ASSISTENTE SOCIAL, AS COISAS PODEM SER DIFERENTES.

Acolher e amparar não é muito comum no futebol. Um raro exemplo que temos nesse sentido é o que o técnico Fernando Diniz fez com o atleta John Kennedy no Fluminense, em 2023, pedindo o seu retorno, acreditando na sua recuperação. E, para ser justo, o técnico Abel Ferreira também fez com o próprio Veron, defendendo-o publicamente em diversas declarações, ainda quando estavam juntos no Palmeiras.

Eu acreditava que o comando do Abel seria fundamental para que o Veron fosse recontratado pelo Palmeiras, mas o que nos levou ao Cruzeiro foi uma videoconferência entre mim, o Veron, o Paulo André e o Pedro Martins, dirigentes do clube. Nessa reunião, falei para todos:

— Se quiserem contratar o Veron, precisam contratar o Gabriel junto.

Então, perguntei para o Paulo André e o Pedro Martins:

— Vocês estão dispostos a contratar o Veron e o Gabriel?

Era esse o tom das minhas conversas com alguns dirigentes de clubes.

Focado no Veron, eu lhe perguntei:

— E aí? Vamos fechar com o Cruzeiro pelo mesmo salário e colocar algumas metas com bônus por *performance*? Não consigo te premiar financeiramente, mas, ao mesmo tempo, estimulá-lo a essas conquistas individuais seria muito importante.

E foi com essa mesma visão e modelo que o Cruzeiro nos apresentou uma proposta oficial. Foi justamente como imaginávamos.

Um clube pode penalizar o atleta, claro, mas nas primeiras vezes o ideal é acolher e ver o que pode ser feito para melhorar aquela situação. Acho que se um clube abraçar, fizer o trabalho de colocar o jogador dentro da concentração do clube, com uma rotina de disciplina ao lado de psicólogo, assistente social, as coisas podem ser diferentes.

E foi exatamente isso que o Cruzeiro propôs: uma gestão mais ativa e humanizada em relação ao Veron. Paulo André e Pedro Martins deram aula de gestão na condução dessa negociação.

Além disso, o proprietário do Cruzeiro é o Ronaldo Fenômeno, um exemplo de superação máxima para nós brasileiros, e o meu ídolo máximo do futebol. Inclusive, foi ele quem entregou o troféu de Melhor do Mundo para o Veron na final do Mundial Sub-17. Coincidência boa. Então, todos esses fatores foram considerados na decisão de levar o Gabriel Veron para o Cruzeiro. Mesmo com outros clubes oferecendo um salário maior, nós escolhemos o Cruzeiro.

No modelo de gestão da FMS, é parte importante da nossa essência conhecer nossos atletas a fundo; compreender verdadeiramente suas origens.

Nas férias dele em julho de 2023, sabe o que eu fiz?

O Veron foi para a cidade dele e fez um jogo beneficente lá. Eu peguei o avião, fui para Natal, e, de carona com o Quebra Osso e o Leandro, seu filho, fomos 250 km para o interior, a fim de conhecer o lugar onde o Veron nasceu e cresceu. Mais do que isso: conhecer as pessoas da família dele.

Depois de passar algumas horas conhecendo as origens e os familiares do Veron, não tive dúvidas: O GABRIEL VERON É UM HERÓI!

Enfim, estive lá, entendi a realidade.

Acredito que estamos encontrando um caminho importante para a sua retomada. Ele está assumindo a responsabilidade e nossas conversas têm sido muito emocionantes, assim como com Lupércio e Quebra Osso, que são importantíssimos também nesse processo. Aliás, dessa relação profissional surgiu uma grande amizade: Lupércio é um amigo para a vida.

Agora é com o Veron.

E eu e toda a minha equipe continuaremos aqui, ao lado dele. Desistir não é uma opção.

Como venho dizendo ao longo deste livro, o atleta é o protagonista.

Rodrigo, Lupércio, Veron e Fábio

Veron e Ronaldo

DEPOIMENTOS

O Fábio enxergava (e ainda enxerga) o futebol para além de um negócio, como um meio de transformar vidas. E era exatamente isso que se alinhava com o meu pensamento.

Ao longo desses anos, aprendi muito com Fábio. Ele me ensinou a maturar algumas ideias, a olhar alguns pontos sob uma ótica diferente. Estreitamos nossa relação profissional... E o mais importante: criamos laços de amizade verdadeiros.

LUPÉRCIO SEGUNDO — ADVOGADO E PROPRIETÁRIO DA BRAZIL SPORTS ASSESSORIA

Conheci o Fábio pessoalmente, em São Paulo, mais precisamente no escritório da sua empresa. Dali em diante, surgia, além de uma grande parceria profissional, uma forte conexão pessoal. [...].

Não resta dúvidas de que ganhei e evoluí muito com a oportunidade de ter um empresário como grande amigo. Fábio transforma vidas, e com a minha não foi diferente!

GABRIEL VERON — JOGADOR DO CRUZEIRO (2024)

Acesse os depoimentos completos.

33
MINHA FAMÍLIA, DE ONDE VIM E QUEM EU SOU

Este é um capítulo para a minha família. Totalmente para ela. Um capítulo para tentar traduzir todo o meu amor, minha gratidão e o reconhecimento por tudo. Por aprender, dentro de casa, o que é certo e errado; por perceber o que realmente devemos valorizar na vida: a família, o respeito ao pai e mãe, o amor de irmãos.

Citei o meu pai algumas vezes neste livro. O que ele representava para os amigos dele como jogador na várzea e nos clubes sociais era, e ainda é, motivo de orgulho para mim. Ele é um cara que viveu e se dedicou para transformar a vida dos filhos e da família.

Meu avô era manteigueiro e o meu pai, desde menino, montava na bicicleta e saía para entregar manteiga no bairro em que moro hoje, uma região nobre de São Paulo. Essas ruas onde eu e meus irmãos residimos são as ruas onde o meu pai, dos 15 até os 20 anos, por aí, ajudava meu avô nesse trabalho de entrega.

Marinho, meu pai, de origem humilde, trabalhando desde cedo, é o meu herói. O nosso herói.

Se meu pai é o herói, Odete, minha mãe, é o MÁXIMO QUE EXISTE NO MUNDO. Nenhuma palavra será suficiente para expressar todo o meu sentimento por ela. Imagens também não serão.

Ela levava os filhos para a escola, levava-os para treinar, para a natação, para o inglês. O que meu pai fez no trabalho a fim de melhorar a nossa vida, a minha mãe fez ao se dedicar aos filhos. A entrega de seu tempo, sua energia, seu suor... Tudo o que podia fazer pelos filhos, ela fez. E, agora, faz tudo pelos netos.

195

Talvez, a dedicação dela tenha sido maior para mim, sei disso. A minha vida, afinal, exigia muito deslocamento da escola para o treino, para o São Paulo, o Banespa, o Bilac; para os jogos de finais de semana, sábado de manhã, à tarde, domingo pela manhã, domingo à tarde, enfim...

Deus presenteou-me algumas vezes com essa relação, essa presença indescritível. Lembro-me de um Fla-Flu, 7 de abril de 2002, dia do aniversário dela. Maracanã com 40, 50 mil pessoas. Ela estava no estádio. Eu fiz um grande jogo nesse dia. Vitória nossa por 2 a 1.

Ser titular de um Fla-Flu, com vitória, em um Maracanã cheio, no dia do aniversário da minha mãe... Isso foi muito marcante. A camisa que usei no jogo está no quarto dela, em uma gaveta, bem guardada.

Há cinco anos, minha mãe passou por um momento muito delicado, colocou quatro eletrodos no cérebro para sincronizar movimentos involuntários de uma distonia cervical que teve. Meu pai e nós, os três filhos, acompanhamos essa cirurgia, torcendo e orando muito para que desse tudo certo. E deu. Ela ficou com os movimentos equilibrados e passou a levar uma vida muito mais saudável.

A raça, a garra, a dedicação, a disciplina da minha mãe são tão gigantes que o mínimo que podemos fazer (meu pai, eu, meu irmão Ricardo e minha irmã Daniela) é retribui-la com o nosso carinho, atenção, presença e amor.

Os meus pais estão sempre conosco, nós nos encontramos constantemente. Como eu já disse, a família é a base de tudo. Além do amor de pai e mãe, o amor de irmãos também.

Meu irmão Ricardo é uma grande referência. Admiro sua inteligência, sua capacidade de superação, sua autoestima e dedicação.

O Ricardo me apoiou em todos os meus momentos, em todos os clubes onde atuei, mesmo com seu coração são-paulino. Aliás, seu apoio incondicional proporcionou brigas históricas no Morumbi.

Ele sempre esteve muito presente. Na minha transição, quando parei de jogar, sua presença foi essencial. Ele me acompanhou nas primeiras reuniões e viagens de negociações importantes, como a do Réver lá na Alemanha, saindo do Grêmio para o Wolfsburg, da Alemanha.

O Ricardo é advogado e, naquele momento, a FIFA exigia ou um advogado ou um agente FIFA. E como eu estava no começo, ele se prontificou a fazer a prova de agente FIFA para me dar o suporte. (A minha prova de Agente FIFA fiz depois, conforme contei no capítulo 28). Então, ele foi o agente naquele momento – em 2010. Foi uma ajuda indispensável para que eu pudesse entrar nesse mercado.

Não tenho palavras para lhe agradecer e, tampouco, para descrever a importância do meu irmão em minha vida.

E a minha irmã?

Lembro-me dela presente nos meus jogos como profissional e também da minha época nas quadras de futsal, tempos do Banespa, do Bilac...

A Lela, como é conhecida, graças ao seu desenvolvimento e imersões no autoconhecimento, é a pessoa na nossa família que traz um equilíbrio emocional muito importante. Mas, se na família ela é exemplo de equilibrada, nas arquibancadas Lela teve seus episódios de discussões, sempre com o intuito de me defender. E por ser linda e simpática, e apenas um ano mais nova, eu morria de ciúmes dela!

Ela tem um filho, o Matheus, de 11 anos. Meu irmão tem a Júlia, hoje com 17. São meus afilhados. Tenho muito orgulho de ser padrinho deles.

Como toda família, também temos as nossas confusões. Todavia, para muitos amigos que nos conhecem, somos um exemplo, uma família muito respeitada e admirada por nossa união.

Meus pais passaram dos setenta anos. Meu pai, 78. Minha mãe, 76. Agradeço a Deus por essa longevidade. E enquanto eu tiver a oportunidade de estar junto, não medirei esforços para o bem-estar deles; para que a saúde de ambos seja a melhor possível.

A família que tenho é a sustentação da minha trajetória, minha caminhada até aqui, desde criança, adolescente, jovem, adulto, pai, empresário. Devo aos meus pais a formação, a educação que tive. E isso será eterno.

Na nossa família não se perde a hierarquia: pai e mãe sempre serão pai e mãe. Os papéis não se invertem. A hierarquia não se inverte. A hierarquia permanece. E vamos honrar isso pelo resto das nossas vidas.

À nossa família, devo a história que carrego. Nenhuma página deste livro existiria sem ela.

Fábio com os pais e irmãos

Acesse e assista aos depoimentos dos pais do Fábio.

Acesse e assista aos depoimentos dos irmãos do Fábio.

Fábio com toda a família

34
GESTOR NA INDÚSTRIA DO ESPORTE

Em 2020, durante a pandemia, quando tudo parecia incerto para diversas indústrias, o mundo do futebol também foi afetado: os campeonatos pararam, os clubes interromperam suas contratações. Foi nesse contexto que tomei a decisão de investir mais em conhecimento, no meu desenvolvimento pessoal e nas relações profissionais.

Fiz alguns cursos e comecei a interagir com pessoas que queriam entrar para o futebol. Conversei com empresários da área de saúde e do mercado financeiro. O que me chamou atenção foi que todos esses *players* enxergavam a possibilidade de se inserirem no futebol. O processo de profissionalização dos clubes e das posições dentro deles despertaram o interesse desses empresários. Com a profusão de SAFs[13] no futebol brasileiro, este é um processo que já está em andamento. É uma realidade.

Na minha visão, o que vai acontecer? Aparecerão novos cargos e faltarão pessoas qualificadas e endêmicas do futebol para exercerem esses novos postos. É nesse contexto que enxergo espaço para uma nova unidade de negócio dentro da estrutura da FMS.

Ao longo da minha trajetória, criei uma reputação e conquistei um posicionamento no mercado. Isso me enche de orgulho. Sinto que as pessoas acreditam em mim, consideram muito a minha opinião. Elas querem a minha participação nos processos de decisão no mundo esportivo e, às vezes, até fora dele. Então, foi natural que eu começasse a pensar em uma estrutura de consultoria como

---

[13] SAF – Sociedade Anônima do Futebol, que é um modelo específico de constituição de empresa criado pelo Congresso Nacional, estimula que clubes migrem de associação civil sem fins lucrativos para empresarial, possibilitando a venda parcial ou total do clube para novos proprietários.

> AO LONGO DA MINHA TRAJETÓRIA, CRIEI UMA REPUTAÇÃO E CONQUISTEI UM POSICIONAMENTO NO MERCADO. ISSO ME ENCHE DE ORGULHO. SINTO QUE AS PESSOAS ACREDITAM EM MIM, CONSIDERAM MUITO A MINHA OPINIÃO. ELAS QUEREM A MINHA PARTICIPAÇÃO NOS PROCESSOS DE DECISÃO NO MUNDO ESPORTIVO E, ÀS VEZES, ATÉ FORA DELE.

sendo mais um serviço da FMS, o que considero extremamente relevante para o cenário atual da indústria.

De 2020 para cá, são três anos de investimento em relações e qualificações, a fim de entender diretrizes, antecipando algumas tendências e oportunidades de negócios – e até mesmo de serviços –, sempre atento às movimentações do mercado e consolidando a metodologia FMS. E quando falo da nossa metodologia, falo de aspectos práticos. Por exemplo, a FMS faz questão de ser altamente eficiente no controle financeiro, jurídico e contábil. E é um diferencial, porque sabemos que não é prática comum no mercado.

Utilizamos um sistema de controle que oferece um nível de segurança e profissionalismo na interação com todos os envolvidos, de ponta a ponta. Este é o padrão da metodologia FMS. A excelência é um valor inegociável para mim.

Percebo que o que eu vislumbrava há alguns anos está começando a se concretizar.

Enxergo uma ampliação do exercício da minha função: além de agente, agora me posiciono como gestor na indústria do esporte. Dá um frio na barriga por embarcar em uma missão tão importante como essa, mas é uma sensação boa, pois, apesar de sentir que toda a minha trajetória me trouxe para esse momento, preparei-me para estar aqui.

A vocação para exercer papel de liderança – que surgiu no Colégio São Gonçalo quando fui líder esportivo aos 9 anos de idade –, ostentar a faixa de capitão, as glórias e as dificuldades como jogador, a metamorfose das relações dentro do futebol, a estruturação de projetos pioneiros em diferentes momentos... Todas essas vivências, acredito, credenciam-me para esse novo passo: ser gestor na indústria esportiva.

É hora de olhar para o futuro. Sempre!

35
ONDE TODOS OS FÁBIOS SE ENCONTRAM

Quando olhamos para o futuro, é inevitável enxergarmos o passado. O passado funciona como uma lembrança permanente de quem fomos. E o que fizemos. Como eu disse no capítulo anterior, estou ansioso e animado para uma nova etapa da minha trajetória: tornar-me gestor na indústria do esporte. Quero me consolidar como executivo dessa indústria, profissionalizando e valorizando nosso trabalho. Em resumo, quero devolver para o futebol um pouco do que ele me deu.

Voltando ao passado, lembro-me do menino que ouvia as histórias do pai na várzea. Do irmão mais novo que conseguia chutar forte e impressionar os amigos do irmão mais velho – e o irmão mais velho. Lembro-me da casa do bairro Vila Santa Catarina, onde o corredor virava o campo. O lençol que virava a rede. Os vasos quebrados – pedacinhos de futebol na minha infância. Lembro-me do filho que a mãe levava para treinar e jogar, sábado e domingo, de manhã e à tarde. Com chuva ou com Sol, ela estava lá. *Talvez o Sol fosse ela...* Recordo-me da irmã torcendo no alambrado, na arquibancada, no coração. Não me esqueço do Fábio que aprendeu cedo uma coisa: sempre haveria um lugar para voltar. Sempre haveria um lugar *neles*.

Desde garoto, a intimidade com a bola

A bola no peito. E no coração

Costumamos lembrar os grandes feitos. Tentamos até esquecer as dores e as derrotas. Porém, muitas vezes, os "pesadelos" não nos deixam dormir. E são essas noites sem sono que nos dão o pontapé inicial para sairmos do lugar. Do chão. Para o alto. Essas noites sem sono são o empurrão que nos falta. Podem até ser como uma falta. Bruta. Violenta. Mas receber falta é da vida. Que tem mais dias cinzentos, e até sem memórias. Dias que terminam empatados, sem graça e sem gols. Ou dias onde jogam conosco o nosso melhor time. Aquele que é como o torcedor que traz de berço o amor incondicional. Como o que temos pela família. Como a família que criou o Fábio.

Vira e mexe reencontro o Fábio do Clube Interlagos, do São Gonçalo, do Bilac. Outro dia, esbarrei com o Fábio do Cuiabá Tênis Clube, da JICOPA e do Banespa. Nesses lugares, encontrei dentro dos Fábios as características que me moldaram. No Clube Interlagos, adquiri a coragem. No Colégio São Gonçalo, o senso de liderança. No Banespa, a maturidade de escolha. Na JICOPA, aprendi que alguns momentos ficam para sempre. Em Cuiabá, entendi que o futebol estaria comigo aonde eu fosse. Todos esses aprendizados formaram o Fábio Mello do São Paulo, do Furacão, do Galo, do Flu, do Paulista, do Juventude, do Brasiliense... O menino que virou adolescente e se transformou em um homem. O filho que virou pai. O amigo que virou sócio. O primo que virou ídolo. O jogador que virou pupilo. O atleta que virou empresário. O empresário que virou mentor. O passageiro que virou realizador de sonho. O aniversariante tímido que virou palestrante. O palestrante que virou professor. O agente que virou o jogo.

Sou todos eles. E, quando olho no espelho, vejo o motivo que trouxe todos esses Fábios até aqui: a essência. A minha essência.

O Fábio dessa essência nunca foi embora. Nunca irá. Os valores que aprendi em casa, na vida e no campo, carrego-os comigo: a lealdade, a coragem, a sensibilidade, o afeto, a disciplina, a obstinação, a resiliência, a firmeza.

Não foi fácil. Muitas vezes ainda não é. Mas eu não mudaria rigorosamente nada. Nada.

O Fábio é assim. Quem joga comigo me fez assim. Desde o meu teste do pezinho – e que deu resultado para o canhoto.

Só posso agradecer. Fiz meu pai entregar o filho para os seus ídolos; joguei, no Maracanã, um Fla-Flu no dia do aniversário da minha mãe; encontrei a mulher da minha vida no estádio do Mineirão; marquei gol pelo time do meu coração. E, anos depois, fiz um gol pelo Flu, no Morumbi, jogando contra o time do meu coração... Pô, como eu posso pedir mais? Nem nos meus maiores sonhos achei que realizaria tanto.

Mas o futuro é daqui a pouco. O agora sempre muda: você leu e o agora já foi.

Ao terminar este livro, entendi, definitivamente, onde todos os Fábios se encontram. Todos estão aqui: mirando o futuro sem deixar de reconhecer o passado. Todos estão aqui, ansiosos e animados para continuar escrevendo novos capítulos, estudando e melhorando permanentemente.

Já tenho filhos, duas meninas. Escrevi meu primeiro livro. Dizem que ainda falta plantar uma árvore. Espero mesmo é semear muito mais.

Fale com o autor
E-mail:
contato@fmsports.com.br
Instagram:
@fabiomello.fms
Linkedin:
/in/fabiomellofms